実 践

金融機関担当者のための

相続・事業承継の
提案事例集
〔改訂版〕

会社
オーナーの
信頼を得る

はじめに

　本書は，金融機関の営業担当者が，会社オーナーに相続・事業承継対策の提案をする際の切り口を解説するものです。税務の取り扱いに関する説明は最小限に留め，業務経験が浅い又はこれから携わろうとされている方が，提案の切り口や成功・失敗事例を通じて，業務の勘所をつかんでいただくことを狙いとしています。

　中小企業庁の統計資料によると，会社オーナーが金融機関に期待する役割の一つに，相続・事業承継の支援があげられており，実際に金融機関がそうした業務に取り組む機会も増えています。

　一方，金融機関の収益化を優先するあまり，顧客本位でない提案となり，かえって会社オーナーの信頼を失うという事例も見聞きします。

　また，取り組みは大手銀行や証券会社・第一地銀を中心に行われており，第二地銀・中堅の証券会社・信用金庫や信用組合においては，取り組み体制がまだ十分でないようです。

　その理由として考えられるのが，個別性・特殊性・継続性です。

　相続・事業承継対策は，それぞれ置かれている立場や資産内容・規模により，個別の対応が求められるため，専門的な知識や経験が必須です。会社オーナーの気持ちも揺れ動く中，会社の利害関係者や時に家族の感情も交錯し，必ずしも経済合理性だけで方針は決まりません。提案から実行まで数年かかることも珍しくなく，継続的なアプローチも必要です。

　直近の収益目標や顧客対応を抱え，定期的な異動もある営業店の担当者単独での対応には限界があり，本部に支援部署を設ける，外部の各専門家と連携する等，組織をあげた取り組みが欠かせません。

そうした難しい取り組みでありますが，大切なことは，最初から課題解決策を提示しようとせず，まずは会社オーナーに寄り添い，会社や家族の状況を聞き，思いや悩みを共有することです。

　とは言えもちろん，会社オーナーに寄り添い，話を聞くうえで，一定の知識や方法論の提示は必要です。そのような事前に知っておきたい内容を，本書では整理しました。

　会社オーナーから，長年金融機関とお付き合いしている理由として「苦しい時に，親身になり相談に乗ってくれた，対応してくれた」と聞くことがあります。

　相続・事業承継の支援は，必ずしも金融機関の収益に結び付くものばかりではないですが，後で振り返ってみると，取引が継続し，深耕するターニングポイントとなり得る取り組みです。

　金融機関を取り巻く環境は厳しくなる一方ですが，顧客との関係が深まり，その結果として金融機関の収益力向上の一助となれば幸いです。

　今回の改訂では，会社オーナーとの面談をリードできるような事前準備(Prologue2)，役員借入金を始めとする事業用資産負債の整理 (Chapter4) を追加しました。また，コラム「どうする？どう考える？」では，最近話題となった金融機関主導の相続税対策が否認された事例を含む，実務の参考となる6つのテーマを新たに取り上げております。

　最後になりましたが，本書の発刊にあたっては，株式会社税務経理協会の吉冨智子様に，企画段階から相談に乗っていただきました。当初のスケジュールから原稿執筆が大幅に遅れる中，その都度，大変参考となるアドバイスをくださり，刊行まで導いていただいたことにつきまして，厚く御礼を申し上げたいと存じます。

2022年8月

藤原　耕司

李　志翔

目　　次

はじめに

Prologue 1　　顧客に信頼される相続・事業承継支援を行うために

Prologue 2　　事前の準備

> どうする？
> どう考える？　　1株単価が高い会社への提案～株式分割～　9

Chapter 1　　親族内承継

事例 **1-1**　　オーナー経営者が事業承継を決断できない　12

> どうする？
> どう考える？　　会社オーナーが亡くなった場合の議決権行使　23

事例 **1-2**　　オーナー経営者が事業承継を決断できない～相続人間の折り合い
　　　　　　　が悪いケース　25

事例 **1-3**　　オーナー経営者が事業承継を決断できない～高齢で健康不安があ
　　　　　　　るケース　34

> どうする？
> どう考える？　　顧問税理士の反応　40

事例 **1-4**　　2つの事業を兄弟それぞれに任せたいとオーナー経営者が考えてい
　　　　　　　る　42

> どうする？
> どう考える？　　家族の意向　49

Chapter 2　親族外承継

事例 **2-1**　オーナー経営者の親族に後継者がいない　52

事例 **2-2**　親族ではない従業員への承継をしたいとオーナー経営者が考えている　59

> どうする?
> どう考える?　地域金融機関にしかできない事業承継支援
> 　〜中小企業の MBO 支援〜　66

事例 **2-3**　オーナー家が親族で継続したい事業と,
　第三者に売却したい事業がある　67

> どうする?
> どう考える?　借入をしても相続税の節税にはならない　80

> どうする?
> どう考える?　金融機関主導の相続税対策が否認された事例　81

事例 **2-4**　親族である後継者の経営権確保と,事業戦略としての M&A を両立させたい　83

事例 **2-5**　オーナー経営者とは親族関係にない後継者となる役員が,株式の引受けを金銭面で負担に感じている　90

> どうする?
> どう考える?　金融機関主導の事業承継　99

Chapter 3　株主政策

事例 **3-1**　会社がグループ経営を行っている　102

事例 **3-2**　度重なる相続により,株式が親族に分散している　113

事例 **3-3**　後継者が事業承継に積極的だが,株価が高く承継が難しい　127

事例 **3-4**　従業員株主等の整理　134

> どうする?
> どう考える?　所在不明株主の株式処分制度　139

Chapter 4　事業用資産負債の整理

事例 **4-1**　会社にオーナー経営者からの借入れ（役員借入金）があるケース①
　　　　　　役員報酬の減額　142

事例 **4-2**　会社にオーナー経営者からの借入れ（役員借入金）があるケース②
　　　　　　放棄と贈与　151

事例 **4-3**　会社にオーナー経営者からの借入れ（役員借入金）があるケース③
　　　　　　DES　154

事例 **4-4**　会社オーナーから賃借している本社不動産の買い取り　160

　　　どうする？
　　　どう考える？　オーナーの会社あて貸付金（役員借入金）の相続税評価　164

Chapter 5　相続対策

事例 **5-1**　オーナー経営者個人で貸事務所を所有していて所得が多いが，相続
　　　　　　のことはまだ考えていない　166

事例 **5-2**　オーナー経営者の妻に預金 5,000 万円があり，高校生の長男は株式
　　　　　　を保有している　173

事例 **5-3**　オーナー経営者が 40 代で事業承継はかなり先になる見込みである
　　　　　　181

事例 **5-4**　会社に含み損のある事業用不動産がある　187

　　　どうする？
　　　どう考える？　相続対策の提案を行うための家族関係の整理　194

　　　どうする？
　　　どう考える？　生前贈与の改正　197

Pro logue 1　顧客に信頼される相続・事業承継支援を行うために

相続・事業承継の業務に関する金融機関の役割と収益モデル

相続・事業承継の業務に関するビジネスの全体像を下記のように整理しました。

●相続・事業承継の支援業務の全体像

相続・事業承継の段階

初期 → 後期

顧客の悩みを共有	後継者がいない	株価が高すぎる	株の渡し方に悩む
	●親族内後継者の有無を確認する ●親族外後継者の有無を確認する	●株価を算定する ●これまでの株価対策を確認する	●どのタイミングで渡すか ●自社株式の承継方法（相続・贈与・売買の3種類） ●株式承継に伴う税金負担 ●株式売買に必要な資金額

▼

具体的な提案	選択肢の提示	株価対策の提案	顧客ごとの株の承継方法の提案
	●M&A ●廃業	●類似業種比準価額の対策（主に利益対策） ●純資産価額の対策（主に資産対策）	●生前贈与（暦年課税） ●相続時精算課税制度 ●事業承継税制（納税猶予） ●個人間売買 ●自社株式を含む遺産分割

＋

金融機関の収益			
	●M&Aの仲介手数料 ●廃業後の個人資産運用 ●不動産の売却仲介等	●事業保険 ●リース ●役員退職金の資金融資 ●設備投資資金の融資 ●不動産購入の資金融資	●株式買取りの資金融資 ●株式売却代金の運用 ●遺言信託

その他
●専門家紹介手数料　●コンサルティング契約

まずは，顧客の悩みを知り，その背景に何があるかを確認し，その顧客に合った解決方法を提案する中で，収益に結び付けるアプローチが必要です。

本書の章立て

●親族内承継と親族外承継

事業承継の提案の切り口として一般的な内容を記述しています。その際，後継者の有無により，提案のアプローチが変わるため，「親族内承継」と「親族外承継」に分けて整理しています。

CHAPTER 1　親族内承継

後継者がいる場合でも，事業承継の決断まで時間がかかるというケースは多くあり，そうした事業承継が決断できない会社オーナーを念頭にまとめています。

なお，方法論は大切ですが，会社オーナーは必ずしも経済合理性だけで判断するわけではないため，時間をかけて会社オーナーに寄り添い，気持ちの揺れや不安を共有しながら，決断を促すことが大切です。

CHAPTER 2　親族外承継

中小企業庁の統計によると，この10年で従業員や社外の第三者への承継が6割を超えており，今後もこうした流れが続くものと思われます。一昔前に比べ，社外の第三者への承継，いわゆる M&A の話題に抵抗を持つ会社オーナーは少なくなってきており，親族外承継の提案はより重要になってくるものと思われます。

●株主政策と相続対策

後継者の有無にかかわらず提案できる共通の切り口として「株主政策」と「相続対策」があげられます。これらは株式承継や経営承継と同時並行で進めることもありますが，別に取り組むこともできます。事業承継は株式の対策だけではなく，経営権の承継もあり，また，会社の規模が大きくなるにつれ，利害関係者も増え時間がかかることが多いですが，周辺の課題に目を向け，まずは手をつけられるものから優先して取り組むことで，結果として，金融機関ビジネスに早期に結びつく可能

性があります。

CHAPTER 3　株主政策

　社歴が長くなるにつれ，株式の分散が進み，関連会社が増えます。安定的な事業継続という観点で，それら株式やグループ会社の整理は重要なテーマになります。

CHAPTER 4　事業用資産負債の整理

　親族内承継か親族外承継であるかを問わず，オーナー経営者からの借入（役員借入）や賃借不動産の整理についても検討が必要です。株式の承継に目が向きがちですが，会社オーナーの課題が残らないよう，総合的な提案が求められます。

CHAPTER 5　相続対策

　会社オーナーには資産家としての顔があり，自社株式の他に投資不動産や投資有価証券を多く所有している場合もあります。そうした資産を家族に円滑に承継するための相続対策を必要とするオーナーもおり，課題解決に向けた提案が求められます。相続対策には事業承継よりも比較的短期間で取り組めるものもあり，提案及び課題解決を通じて顧客との信頼関係が生まれると，その後の事業承継の提案もスムーズです。

事前の準備

金融機関内部での役割分担を確認する

　日々オーナーと接し，関係深耕を図り，ニーズを探るのは支店等の営業担当者の方です。

　しかし，担当者の方は日々の業務に追われ，会社オーナーに対して，相続事業承継の具体的な提案をする時間が十分とれないのが現実です。そのため，多くの金融機関では本部に相続・事業承継の支援部署を設置しています。

　したがって，担当者の方は下記のような問いかけから，ニーズ確認やきっかけ作りや行い，その情報を本部と共有しながら，具体的な提案につなげることが大切です。

「株価を確認しませんか？」
「株価を基にした将来の相続税負担を確認しませんか？」
「株価を基に具体的な対策案の話を聞きませんか？」
「相続事業承継に関してセカンドオピニオンを利用してみませんか？」

　まずはこうした投げかけにより，次の約束が取りつけられると一歩前進です。その後，具体的な提案は本部部署を中心に行い，担当者の方はいわばコーディネーターのような役割で，オーナーの意向をくみ取り，心の揺れをサポートしながら，意思決定を促すといった役割分担がしっかりできている場合は，案件が進みやすいという傾向はあると思います。

おおよその株価を知る

　オーナーへの具体的な提案は本部の専門部署の力を借りるにしても，初期段階でオーナーの悩みを聞き，具体的なニーズの種を発掘するのは現場担当者の方です。

　そのために，会社の株価を知ることは大切です。

✓ オーナーは株価という具体的な数字により現状の課題を認識できる

✓ 共通指標（株価）があるとオーナーと話がしやすい

✓ 株価対策の提案に関する実務的な勘所（効果・リスク）を習得できる

　初期段階では正確な株価算定が必要となるケースは少なく，株価の目安が分かれば十分です。おおよその目安は，専門知識は必要なく，決算書（貸借対照表）から確認できます。

　提案する相手は，メイン先ばかりではなく，決算書が手元にないケースもありますし，特に証券会社の場合は銀行に比べ情報が少ないケースがほとんどですが，部分的にでも決算書を開示してもらえるようであれば，オーナーと「株価」という共通認識を持つことができ，次の提案に生かしやすくなります。

［株価の目安確認］

貸借対照表

（単位：円）

資産の部		負債の部	
勘定科目	簿価	勘定科目	簿価
【流動資産】	251,700,000	【流動負債】	105,300,000
現金預金	150,000,000	買掛金	10,000,000
受取手形	20,000,000	未払金 ⑤	35,000,000
売掛金	60,000,000	短期借入金	50,000,000
電子記録債権	1,000,000	未払法人税等	3,000,000
貸倒引当金	−300,000	未払消費税	5,000,000
製品	20,000,000	未払費用	2,000,000
原材料	1,000,000	預り金	300,000
【固定資産】	185,000,000	【固定負債】	100,000,000
＜有形固定資産＞	130,000,000	長期借入金	100,000,000
① 建物	25,000,000		
建物附属設備	3,000,000		
構築物	1,000,000	負債合計	205,300,000
② 機械装置	20,000,000	純資産の部	
車両運搬具	1,000,000	資本金	10,000,000
③ 土地	80,000,000	利益準備金	1,000,000
＜投資その他の資産＞	55,000,000	繰越利益剰余金	220,400,000
出資金	20,000,000		
④ 長期前払費用	35,000,000	純資産合計	231,400,000
資産合計	436,700,000	負債純資産合計	436,700,000

「純資産価額」株価総額の目安

上記例の場合，株価総額の目安となる，会社純資産価額は231,400千円です。

　仮に，オーナーが株式の50％を所有している場合「231,400千円×50％＝115,700千円の株式を所有することになり，この株式をどう承継するか？」という話がオーナーとできます。

　実際には，純資産価額は，所有する資産や負債を所定のルールにしたがって評価替えする必要があります。また，株価の計算は「純資産価額」だけでなく，会社の利益や配当・上場会社の株価等が要素となる「類似業種比準価額」を組み合わせて計算し，実際には，純資産価額より低くなるケースが多く，正確な株価ではありません。ただ，ある程度数字のイメージがあるとオーナーも課題を実感しやすいため，まずは目安となる株価を知り，共有することが大切です。

　［資産や負債の評価替えについて］

　以下のように行います（貸借対照表中①〜⑤）。

① 建物

　固定資産評価額により評価します。

　課税明細書を会社に用意してもらえれば，評価替えできます。

② 機械装置

　製造業のほか，太陽光投資をしている会社の場合，特別償却により簿価が低くなっていることがあります。株式の評価上は特別償却を考慮しないため，実際にはもう少し評価が高くなります。

③ 土地

　地域により，路線価方式か倍率方式（固定資産評価額を基にする方法）で計算します。

　路線価方式で用いる路線価は国税庁のホームページで調べることができますし，路線価に乗じる地積は登記簿謄本で確認できます。登記簿謄本は，法務局において誰でも取得できるほか，金融機関で活用することも多い，登記情報システムの利用

も考えられます。

　倍率方式の場合は，課税明細書を会社に用意してもらえれば，計算できます。

④　長期前払費用（保険の場合）

　例えば，半損保険の場合，支払った保険料の2分の1が貸借対象表に計上されているため，その額の2倍が保険価値と考えることができます（実際には，解約返戻金で評価するため，単純に2倍ということにはなりませんが目安にはなります）。なお，保険商品内容によっては長期前払費用ではなく，保険積立金に区分する場合があります。

⑤　未払金（オペレーティングリース）

　利益対策でオペレーティングリースを利用している会社の場合，その投資額の一部が未払金計上されます。株価の計算上は，貸借対照表に計上されている金額はゼロと考えます。

　②，④，⑤については，貸借対照表から掴む純資産価額での株価上，一般的に株価が高くなる要素です。オーナーと話す際，「これら評価替えが影響する可能性があるため，一度株価を確認してみませんか？」という投げかけができます。

　本部部署で簡単な株価算定をしている金融機関は多く，まずは，営業店担当者がきっかけを作り，本部と連携する取り組みの流れを作ると，その後の提案がスムーズです。

各種情報収集

　オーナーへの具体的な提案の基礎となる，情報収集の内容を整理しました。

　具体的な提案をするには，もちろんオーナーの意向や家族関係等の把握も必要ですが，まずは得られる情報を事前に確認します。

		【確認書類】	確認できること	提案に生かせる可能性
会社の概要	☐	履歴事項全部証明書（会社謄本）	役員構成（これまでの役員変遷） 　親族役員／非親族役員 種類株式の導入状況 　あれば株式の承継は進んでいる可能性あり 株券発行会社／不発行会社 発行済株式数 資本金の額	親族承継 非親族承継 事業承継税制（同制度を利用する場合，不発行が望ましい） 株式の分割
	☐	会社のホームページ	会社の社歴 　社歴が長い場合株式分散の可能性あり 代表者交代有無 代表者の経歴 関連会社情報	株式の集約・整理 ）事業承継ニーズ 関連会社を絡めた組織再編
	☐	帝国データバンク等の信用情報	財務情報 後継者候補の有無 株主状況	株価の目安
株主の確認	☐ ☐	法人税申告書別表２ 株主名簿（作成している場合） ※時系列確認も有効	株式の承継が進んでいるかどうか 株式が分散しているかどうか 親族株主／非親族株主の確認	親族承継 分散株式の集約 非親族承継の場合の提案
株価など	☐	貸借対照表	簿価純資産額での株式価値確認 含み資産（保険）	株価（純資産価額） 役員退職金原資としての保険提案 税金対策としてのオペレーティングリース
	☐	損益計算書	利益状況から株価の水準	直近期の利益水準が下がっている場合は，株式の移転提案可能性あり
オーナー個人に関係する情報		勘定科目内訳書	役員借入金 不動産賃借 役員報酬（役員退職金支給額の予測）	役員借入金の整理 会社での事業用不動産買い取り 役員退職金の目安確認及び退職金原資の準備
借入状況		勘定科目内訳書	関与金融機関の借入金や利率等の状況	事業承継提案に関連する借入や借り換え余地
会社所有不動産		登記事項証明書（不動産登記簿謄本） ゼンリン地図	担保余力 取得時期による含み損益状況	事業承継提案に関連する借入や借り換え余地 グループ会社への移転 株価対策での活用

　特に銀行の場合は，提案につながる情報が詰まっている決算書や申告書といった資料が手元にあることが多く，これらを生かさない手はありません。

　提案時だけでなく，支店等の営業担当者がニーズ確認やヒアリングといったきっかけ作りを行う際にも，これら事前の情報整理は有用です。

どうする？ どう考える？ 1株単価が高い会社への提案～株式分割～

発行済株式数が少ないため，1株あたりの単価が高くなっている会社には，株式分割の提案ができる。会社全体の株式評価総額が下がるわけではないが，1株あたりの単価が下がるため，贈与等の株式承継を計画的に行いやすくなる。

【①現状】

1株単価	発行株式数	株式評価総額
2,000,000 円	100 株	200,000,000 円

【②発行株数を 1：10 に分割した場合】

200,000 円	1,000 株	200,000,000 円

【③発行株数を 1：100 に分割した場合】

20,000 円	10,000 株	200,000,000 円

評価総額は変わらない
（株価対策ではない）

①の場合 1 株を贈与すると 200 万円＞110 万円となり贈与税がかかる
③の場合，55 株贈与すると 110 万円となり贈与税はかからない

発行株式数は，誰でも取得可能な履歴事項全部証明書（会社謄本）でも確認できる。

決算書や申告書が手元になくても，株価が高いと想定される会社で，発行株式数が少ない場合，課題解決の一つとして，オーナーに提案したい。

CHAPTER 1

親族内承継

事例 1-1 オーナー経営者が事業承継を決断できない

X社は証券会社から提案を受け，設備投資による投資減税及びオペレーティングリースを活用した結果，今期は利益が圧縮され，それに伴い株価が大幅に下がる見込みです。

しかし，オーナーは後継者である長男（専務）への事業承継に踏み切れません。

この場合，どのような提案があるでしょうか？

他にもこんな顧客に提案できる

承継者はいるが下記のような状況：

・利益対策や一時的な特別損失の計上等により株価が下がっており，株式の承継タイミングとしては良いが，会社オーナーが事業承継は時期尚早と考えている

・会社オーナーが高齢であったり，健康状態に不安を抱えており，事業承継を進めたほうが良いが，事業承継を決断できない

提案の内容

●大半の株式を後継者に渡しても会社オーナーに経営権を残す取り組み（種類株式の活用）

オーナーの所有する株式を経営権と財産権に分け，オーナーの経営権を残したまま，株式を承継することができます。具体的には，種類株式を活用します。

例えば，オーナーが所有する株式が1株であったとしても，その所有する株式に「拒否権」を付すことで，後継者の経営方針に反対することができます。また，「役員選解任権」を付すことにより，役員の選任と解任をオーナーの意向で決定できます。

なお，所有する1株に「拒否権」と「役員選解任権」の両方を織り込むこともできます（下記イメージ図）。

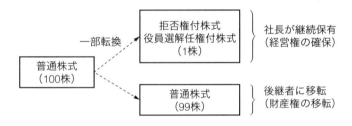

●税金対策としての相続時精算課税制度による贈与

株式の承継については，相続時精算課税制度による贈与の提案が考えられます。本制度により，一時的に下落した贈与時点の株価を用いて，将来の相続税を計算できます。

●遺産分割対策としての遺言（遺言信託）の取り組み

税金対策のほか，遺産分割の対策が必要です。

会社オーナーの場合，一般的に，所有財産に占める自社株式の割合が高く，将来の相続時に財産分けが難しく，家族関係が悪い場合には相続人間で争いが生じる可能性があります。

株式の贈与とあわせて，遺言を提案し，将来の"争族"を防ぎます。

● 納税資金対策としての生命保険活用

今回の取り組みにより，将来の相続税負担は抑えられますが，それでも納税額が多い場合，納税資金を確保するため，後継者である長男を受取人とした，生命保険の活用が提案できます。

金融機関として求められるサポート内容

・保険，オペレーティングリース（資産運用，利益対策）
・設備投資※への融資
　※税務上，即時償却（100 ％償却）の対象となる投資資産であれば，利益対策となる
・遺言信託
・生命保険

● 会社オーナーへのアプローチ

会社オーナーの退任に伴い役員退職金を支給し，それに伴い下がった株価を基に株式承継をあわせて行う，という事例はよくあります。

そうした「経営の承継」と「株式の承継」が一致する場合は良いのですが，たまたま利益水準が低く株価が下がっている場合や，家族，税理士や金融機関といった周囲が事業承継を勧めても，オーナーが決断しない（できない）といったケースも実際には多くあります。

そうした場合，本事例のように，株式の承継を先に進めながら，オーナーに経営権を残す提案が効果的です。経営権を含めた事業承継は完結しませんが，相続税対策となること，また，事業承継の一歩を踏み出せば，肝心の経営の承継も意識するようになります。株式の承継が後継者の経営者としての自覚を促すきっかけになることもあります。

金融機関にとっては，提案から実行まで時間がかかる事業承継において，株式の承継を先行して進めることで，早期にビジネスに結びつく可能性があります。

提案を行う際の留意点

●種類株式の仕組み

① 概 要

　現在の会社法においては，様々な性格を持った株式を発行することができます。それらの株式を，通常の普通株式と区分し，種類株式と呼びます（下記表参照）。

　オーナーに経営権を残す対策としては，種類株式のうち，本事例で取り上げた，いわゆる黄金株式（拒否権付株式，下記表⑧）や，役員の選解任を決議できる役員選解任権付株式（下記表⑨）が用いられます。

種類株式の名称		内容	活用例
①配当優先株式		普通株式を基準として，優先的に剰余金の配当がされる。	従業員持株会での活用
②残余財産分配優先株式等	残余財産分配優先株式	普通株式を基準として，優先的に残余財産の分配がされる。	共同経営の場合の将来の取り決め
	残余財産分配劣後株式	普通株式を基準として，残余財産の分配が劣後する。	
③議決権制限株式	完全無議決権株式	全ての事項に対し，議決権を行使することができない。	経営者の議決権確保
	狭義の議決権制限株式	一部の事項に対し，議決権を行使することができない。	
④譲渡制限株式		株式を譲渡する際，譲渡承認機関（取締役会・株主総会等）の承認を要する。	株式分散防止
⑤取得請求権付株式		株主が会社に対して，その株主が保有する株式を取得するよう請求することができる。	出資の出口
⑥取得条項付株式		会社が，株主の同意なしに一定の事由が生じたことを条件として，株主が保有している株式を取得することができる。	株式分散防止
⑦全部取得条項付株式		2つ以上の種類の株式を発行する会社において，その内1つの種類の株式の全部を株主総会の特別決議をもって，会社が取得することができる旨の定款の定めがある株式。	少数株主排除
⑧拒否権付株式		拒否権を発動できる株式。いわゆる「黄金株」。	経営権の確保
⑨役員選解任権付株式		取締役を選任したり解任することができる。	経営権の確保

② 発行方法

　種類株式の発行については，「新規に発行する場合」と「既存の株式を変更する場合」の2つの方法があり，いずれも株主総会における決議が必要です。本事例では株主がオーナーのみのため，後者の「既存株式の変更（新規発行に伴う金銭の払い込みが不要）」を提案していますが，株主総会における決議のハードルが低いのは新規発行です。

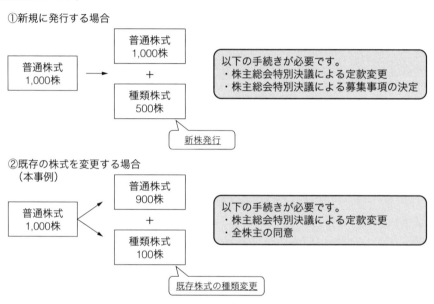

①新規に発行する場合

普通株式
1,000株
→
普通株式
1,000株
＋
種類株式
500株

新株発行

以下の手続きが必要です。
・株主総会特別決議による定款変更
・株主総会特別決議による募集事項の決定

②既存の株式を変更する場合
（本事例）

普通株式
1,000株
普通株式
900株
＋
種類株式
100株

既存株式の種類変更

以下の手続きが必要です。
・株主総会特別決議による定款変更
・全株主の同意

（参考）会社オーナーに経営権を残すその他の方法(属人的株式の活用・民事信託の活用)
　種類株式に近い効果が期待できるのがいわゆる属人的株式と呼ばれる株式の活用です。属人的株式は定款変更により効力が生まれます。種類株式と異なり，登記をする必要がないため，外部の者に知れることがありません。その他，株式が分散しているケースでは民事信託を活用することもあります。種類株式や属人的株式は一定の株主の同意が必要ですが，民事信託はオーナーと後継者の間での手続きで済みます。実務上は，会社オーナーを巡る状況を踏まえ，種類株式，属人的株式，民事信託，それぞれのメリット・デメリットを比較しながら提案します。

●相続時精算課税制度による贈与の仕組み

① 概 要

　贈与を行う場合，通常は暦年課税制度（受贈者1名につき，年間110万円までの贈与が非課税）を用いますが，一定の要件を満たす場合は，相続時精算課税制度による贈与を選択できます（下記表参照）。

	暦年課税制度（原則の制度）	相続時精算課税制度（選択により使用可能）
贈与者 受贈者	お互いの意思があれば関係は問わない（第三者間の贈与も可）	60歳以上※の親又は祖父母から18歳※以上の子又は孫への贈与 ※住宅取得等資金にかかる特例使用の場合には贈与者の年齢制限なし
非課税額	毎年110万円	一生の累計額で2,500万円
贈与時	累進税率※で計算 ※18歳以上の子又は孫などが直系尊属から受ける贈与とそれ以外で税率が異なる	累計2,500万円超過部分につき一律20％
相続時	相続開始前3年以内の贈与財産を相続財産に加算する	全ての贈与財産を相続財産に加算する（加算する額は贈与時の時価）納付贈与額は相続税額から控除する

（注）相続時精算課税制度は，一度選択したら撤回はできないので慎重な判断が必要（選択は贈与者ごと，受贈者ごとに行える）。
（注）特例贈与は除く。いわゆる事業承継税制を用いた贈与については事例1-3を参照。
（その他）表の説明中，18歳以上とあるのは，成年年齢の引き下げに伴う，2022年4月1日以降の年齢（それまでは20歳以上が対象）

② 相続時精算課税制度のメリット，デメリット

【顧客に説明する主なメリット】

通常制度（暦年課税制度）に比べて贈与税の負担が低く抑えられやすい

　通常の暦年課税制度においては，控除額が110万円，最高税率は55％です。一方で，相続時精算課税制度は控除額が2,500万円，税率は一律20％です。株価対策をしても高額になりやすい自社株式を贈与する場合，相続時精算課税制度を用いたほうが，贈与税の負担が低くなるケースは多いと思われます。

贈与時点の株価により将来の相続税を計算できる

　本制度は制度名称の通り"相続時に税金を精算する"点に特徴があります。

　具体的には，贈与者の将来の相続時に，（過去に行った）贈与時点の株価を用いて相続税の計算をします。

　将来，相続税を支払う必要がありますが，「財産の価値を贈与時点で固定できる」ため，一時的に株価が下がった時に本制度を活用すると効果的です（下記イメージ図）。

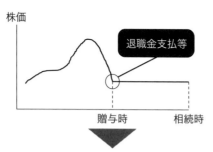

贈与時点の株価で固定し，将来の相続税を計算

　なお，贈与時点で支払った贈与税は，相続税の前払いとして取り扱われ，相続税から控除されます。

【顧客に説明する主なデメリット】

将来，さらに株価が下がった状況で会社オーナーに相続があった場合

　オーナーの相続時，仮に業績不振等により，贈与時点からさらに株価が下がっていたとしても，贈与時点の株価を用いて相続税を計算します。

相続時精算課税制度を選択すると，以後，暦年課税制度が使えない

　毎年110万円の非課税枠を使った贈与ができなくなります。

　例えば，父から長男への贈与について相続時精算課税制度を選択した場合，以後，父から長男への贈与は暦年課税制度は選択できません。この場合，父から長女への贈与，母から長男への贈与については，引き続き暦年課税制度を使用することができます。

<u>贈与財産が全て相続税の対象となる</u>

相続時精算課税制度により贈与した財産は全て（数十年前に行った贈与であっても）が相続税の対象となります。これに対して，暦年課税制度の場合，相続税の対象となるのは相続人への相続開始前3年以内の贈与です。

③　その他（事業承継税制）

事業承継税制との併用も考えられます（事業承継税制の活用については，事例1-3を参照）。事業承継税制については，平成30年度に大きな改正もあったことから，あわせて検討する必要があります。

●法定相続分と遺留分の仕組み（民法）

① 概　要

相続実務において大切なのが法定相続分と遺留分です。

会社オーナーには税金対策だけでなく，遺言等の遺産分割対策も説明する必要があります。

【相続順位と相続分・遺留分】

相続人	配偶者		配偶者以外(注)	
	相続分	遺留分	相続分	遺留分
配偶者及び子	$\frac{1}{2}$	$\frac{1}{2} \times \frac{1}{2}$	$\frac{1}{2}$	$\frac{1}{2} \times \frac{1}{2}$
子のみ			全額	$\frac{1}{2}$
配偶者及び直系尊属	$\frac{2}{3}$	$\frac{2}{3} \times \frac{1}{2}$	$\frac{1}{3}$	$\frac{1}{3} \times \frac{1}{2}$
直系尊属のみ			全額	$\frac{1}{3}$
配偶者及び兄弟姉妹	$\frac{3}{4}$	$\frac{1}{2}$	$\frac{1}{4}$	権利なし
兄弟姉妹のみ			全額	権利なし
配偶者のみ	全額	$\frac{1}{2}$		

（注）　配偶者以外の者が複数いる場合は人数按分

【法定相続分】

　相続する際の財産配分の目安となる割合です。ただし，相続人間で同意があれば，財産はどのように分けても良いことになっています。実務上は話し合いに基づき遺産分割協議書を作成し，各々が相続する内容を明確にします。

【遺留分】

　法定相続人の財産権を保護するために認められた割合です。

　仮に，被相続人が遺言により全ての財産を特定の者に引き継がせる手続きをとっていても，法定相続人（兄弟姉妹を除く）が主張すれば，遺留分相当の財産を相続できます。なお，権利を行使するかどうかは，相続人の任意です。

② 相続時精算課税制度（相続税法）との取り扱いの違い

　本事例では，一時的に下がった株価により，将来の相続税を計算できる「相続時精算課税制度」を提案しています。ただし，これは「相続税法」の取り扱いです。

　遺留分は「民法」の規定であり，その民法においては，遺留分は「相続時点」の財産価値により計算するものとされています。これは，生前贈与した財産にも適用されます。したがって，将来の争族対策として，生前贈与とあわせて遺言に取り組んでいても，遺産分割対策としては，万全ではありません（下記イメージ図）。

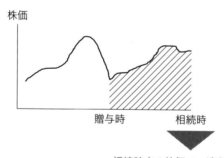

相続時点の株価で，遺留分を算定

　遺言はあくまでも争族防止の一助という位置づけで考え，会社オーナーが，遺産分割方針に関して生前から家族に理解を求める取り組みも大切です。

　また，家族仲が悪く，遺留分を巡って相続時に揉めることが必至という場合には，贈与ではなく，後継者や新設の会社（持株会社）との間で株式を売買する（事例1-2

参照）方法も検討します。

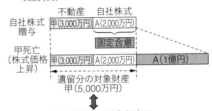

●成功事例

設備投資を検討している会社オーナーに，銀行担当者があわせて事業承継を提案しました。

会社オーナーの反応は，まだ事業承継のタイミングではないというものでしたが，以下の内容を説明し，実行に至りました。

> ・検討している設備投資については，税制上即時償却の対象となり，利益が圧縮されること
> ・利益圧縮に伴い株価が下がり，税金対策となる株式承継に取り組むタイミングであること
> ・会社オーナーは，役員選解任権付株式を所有することで，引き続き経営権を確保できること

銀行ビジネスとしては，設備投資資金の融資のほか，遺言信託を受託。遺言については，会社オーナーが所有することになる役員選解任権付株式に関して，オーナーの相続時に他の相続人を交えた遺産分割の対象とならないよう※，後継者に相続させる内容としました。

※実務上は，遺言の他，種類株式に会社オーナーの相続時，会社が買い取る条項（取得条項）を付すこともあります。

どうする？ どう考える？ 会社オーナーが亡くなった場合の議決権行使

オーナーが亡くなった際，家族間で財産分けの話し合いが難航し，自社株式を相続する者が決まらないまま株主総会を迎えた場合に議決権はどのように行使されるだろうか？ 想定事例で考えてみる。

【後継者である長男（A社役員）からの相談】

　非上場会社オーナーである父が亡くなりました。状況としては下記の通りです。

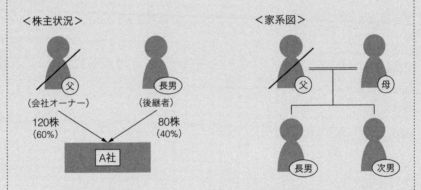

<株主状況>　　　　　　　　　　　　　　　<家系図>

父（会社オーナー）120株（60%）→A社　長男（後継者）80株（40%）→A社

父　母　長男　次男

　私（長男）と次男は仲が悪く，会社株式を誰が相続するか結論が出ない中，株主総会を迎えました。

　この場合，株主総会での議決権行使はどのように行いますか？

　私（長男）の法定相続分は1/4であり，120株×1/4＝30株分の権利を持つことができますか？ そうすると，既に所有している80株とあわせて110株（80株＋30株）となり，過半数は確保できます。

　母は次男を可愛がっており，次男の意向に賛同する見込みですが，過半数確保できれば安心です。

【回答】

　相続人間で選任された者が議決権行使するため，30株分の議決権を保有することにはなりません。

会社法の取り扱い～準共有～

　準共有者（事例では母・長男・次男）のうち，権利行使者1名を選任する。その際，選任方法は，多数決によって決めるものと解釈されている。

　また，相続人間で準共有となっている場合，多数決の票数は各相続人の法定相続分を基に考える。事例において，母が次男側につくと，母1/2＋次男1/4＝3/4＞長男1/4となり，次男が権利行使者として選任されることになる。その結果，次男は父の120株分全てについて議決権を行使できる（この場合，次男の議決権数が過半数を超えることから，長男は解任される恐れあり）。

事例における生前準備

　会社オーナーである父が生前，後継者である長男に株式を相続させる内容の遺言を準備しておけば，家族間でのトラブルを防ぐことができ，会社経営への影響を抑えることができた。

オーナー経営者が事業承継を決断できない 〜相続人間の折り合いが悪いケース

　X社は銀行から提案を受け，設備投資による投資減税及びオペレーティングリースを活用した結果，今期は利益が圧縮され，それに伴い株価が大幅に下がる見込みです。

　しかし，オーナーは後継者である長男（専務）への事業承継に踏み切れません。

　なお，長男と長女の折合いが悪く，将来の相続時に揉める可能性があるということです。

　この場合，どのような提案があるでしょうか？

他にもこんな顧客に提案できる

後継者はいるが下記のような状況：
・相続人間の折合いが悪く，将来の相続時に揉める可能性がある
・会社オーナーが株式を資金化したいと考えている
・その他事例 1-1 を参照

●税金対策及び遺産分割対策としての株式売買

　後継者である長男が新会社を設立し，その新会社が，会社オーナーの所有する株式を買い取ります。株式を買い取る新設会社を持株会社と呼ぶことが一般的ですが，特別な会社ではなく，通常の株式会社です（合同会社を用いることもあります）。

　また，会社オーナーに一定の経営権を確保する取り組みとして，会社オーナーが新設の会社に最低限の出資をし，その出資する株式に拒否権や役員選解任権を付します。

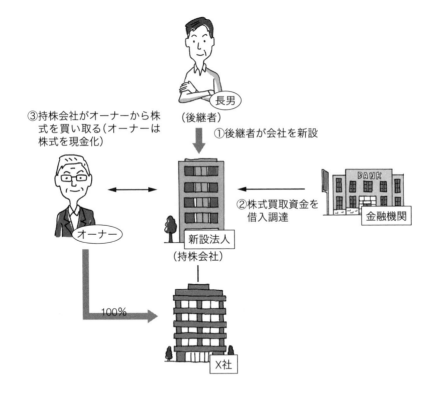

③持株会社がオーナーから株
　式を買い取る(オーナーは
　株式を現金化)

長男
(後継者)

①後継者が会社を新設

②株式買取資金を
　借入調達

金融機関

オーナー

新設法人
(持株会社)

100%

X社

●会社オーナーへのアプローチ

① 遺産分割の課題を解消

　会社オーナーは，一般的に所有資産のうち自社株式の占める割合が大きく，相続

時の財産分けが難しいという課題を抱えています。

　その対策として，生前に後継者に自社株式を贈与し，あわせて遺言書を準備する取り組みがあります。しかし，法定相続人には一定の財産権を主張できる遺留分があり，遺留分は生前贈与財産も対象となることから，自社株式を巡る争いを完全に防ぐことはできません。さらに，遺留分は税法と異なり，贈与時ではなく相続時点の価額を基に計算するため，税金対策として生前贈与時に株価を抑えたとしても，相続時の株価で計算すると，想定以上に遺留分の対象財産が大きくなるといったこともあります。

　この解決手段として，自社株式を売却し，現金化する対策があります。現金化することで，後継者以外の相続人が相続できる財産（お金）を確保できます。また，将来の遺留分に関しても，会社の成長に伴う贈与後の株価の値上がりを気にする必要がなくなります。

② その他

　事例 1-1 同様，決断を促すため，会社オーナーに一定の経営権を残す取り組み（種類株式の活用）を説明することも効果的です（参考事例も参照）。

金融機関として求められるサポート内容

・株式売買資金の融資
・自社株式の換金資金への提案（贈与，運用商品等）
・その他は事例 1-1 を参照

提案を行う際の留意点

●持株会社による株式売買の主なメリット・デメリット

① メリット

【将来の遺産分割対策】

　上記「会社オーナーへのアプローチ」で述べたように，相続財産のうち自社株式の占める割合が大きく，遺産分割が難しいといった課題が解消します。

【売却資金を生前贈与することによる相続税対策】

　相続税対策として有効な生前贈与に関しては，住宅資金贈与や教育資金贈与等の各種特例が設けられていますが，その多くは，現金による贈与を前提にしています。自社株という財産を現金化することで，そうした各種贈与特例が活用でき，結果として，財産を圧縮することができます。

【後継者が個人として株式を買い取る場合と比べて後継者負担が少ない】

　会社オーナーが所有する株式を後継者が直接買い取るケースもあります。買取資金について後継者の自己資金が十分でない場合，金融機関や会社から借りることになりますが，その返済にあたり，後継者の役員報酬を増額することが一般的です。ただし，このところの制度改正により，所得税・住民税や社会保険料の負担は重くなっています。持株会社を活用する場合，返済は持株会社が行うため，後継者の役員報酬を増額する必要はありません。

② 　デメリット

【会社オーナーの譲渡税の負担】

　株式を売却した際，株式を所有していた会社オーナーに譲渡税の負担が生じます。税金の対象となるのは譲渡益（譲渡収入－取得価額（当初出資額等））で，税率は一律 20.315 ％（所得税・地方税）となっています。

【売買する株価が相続・贈与する株価より高いケースが多い】

　持株会社が買い取る際の基準となる税法上の株価は，相続や贈与する際の株価と計算方法が一部異なります。ケースにより異なりますが，「持株会社による買取株価＞相続・贈与の際に用いる株価」となる場合が多いように思います。この場合，自社株式は資金化できますが，財産額そのものは増えるため，仮に，売買した直後に会社オーナーに相続があった場合，株式のまま相続した場合と比べて，相続税負担が増えることになります。

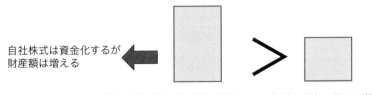

自社株式は資金化するが
財産額は増える

持株会社で買い取る際の株価　　　相続・贈与で用いる株価

●持株会社の返済の仕組み

① 返済方法

　持株会社は事業を行っていないため，事業会社からの経営指導料や配当金を原資に金融機関へ返済します。なお，本事例では，配当金を原資に返済することとしています。この場合，実質的には事業会社の収益力で返済するため，銀行としては，持株会社と事業会社を一体とみて，与信管理することになります。

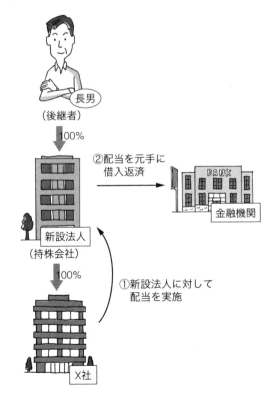

② 配当の上限額

配当できる額は会社法において定められています。計算方法の詳細は割愛しますが，配当する会社の剰余金（資本の部の資本剰余金及び利益剰余金）の額が目安となります。上限以内であれば，当期利益を超えた額の配当を行うこともできます。

③ 持株会社が受け取る配当金の税務上の取り扱い

持株会社が受け取る配当金については，決算上は収益となりますが，税法上は「受取配当等の益金不算入」という規定により，原則として収益と認識されないため，法人税の負担は発生しません。

なお，配当金を受け取る際に，いったん源泉所得税分が控除されますが，決算申告時における「所得税額控除」の取り扱いにより，控除された源泉所得税額は還付されます※。

※ 令和4年度税制改正により，2022年（令和5年）10月1日以降に実施する，下記配当等については源泉徴収が行われません。
　① 基準日において，株式等の保有割合が100％の完全子法人等が行う配当
　② 基準日において，株式等の保有割合が3分の1超（100％未満）の関連法人が行う配当
　これまでは，いったん控除された源泉所得税が還付されるまで期間が空きましたが，この改正により，要件を満たせば配当実施時に配当金の全額を受領することができるため，持株会社の資金繰りが改善されます。

（参考：税法の取り扱い）

◇受取配当等の益金不算入の取り扱い

配当が全て税金の対象とならない（益金不算入）

	区分	株式保有割合	益金不算入割合	負債利子控除
①	完全子法人株式等	100％[※1]	（100％）	なし
②	関連法人株式等[※2]	$\frac{1}{3}$ 超	100％	あり
③	その他の株式 （①・②・④以外）	$\frac{1}{3}$ 以下 5％超	50％	なし
④	非支配目的株式等[※3]	5％以下	20％	なし

※1 配当等の計算期間を通じて完全支配関係（100％の資本関係）あり。
※2 配当等の基準日以前6月以上継続保有（配当等の計算期間が6月未満の場合は計算期間を通じて保有）。
※3 保有割合は配当等の基準日で判定。短期保有株式を除いて判定。

◇受取配当金に係る所得税額控除の取り扱い[※4]

原則計算	配当に対する所得税額 × $\dfrac{\text{分母の期間のうち元本所有期間の月数}^{※1}}{\text{配当等の計算期間の基礎となった期間の月数}^{※2}}$
	※1 1月未満切上げ ※2 小数点3位未満切上げ
簡便計算	配当に対する所得税額 × $\dfrac{A+(B-A)\times\dfrac{1}{2}^{※1}}{B}$
	※1 小数点3位未満切上げ A：計算期間開始時の所有元本数 B：計算期間終了時の所有元本数

※4 受取配当金にかかる所得税額控除の取り扱いについて，令和4年度税制改正により，2022年（令和5年）10月1日以降に完全子法人等が実施する配当等に係る源泉徴収は行われません。また，同取り扱いについては，基準日における保有割合で判定します（前ページ参照）。

（留意点）

　上記2つの取り扱いに関しては，一定期間（所得税額控除については，改正あり），株式を保有するという条件があります。

　保有要件を満たさず配当した場合，税金が発生し，トラブルにつながることもあるため留意が必要です（失敗事例参照）。

●成功事例

① 持株会社の活用

　株価が一時的に下がった会社に，銀行担当者が持株会社による株式の買い取り提案を行い，実行に伴う持株会社への株式買取資金を融資することになりました。

　また，会社オーナーとの会話の中で，兄弟仲は悪くないが，会社を承継しない長女及び次男にもそれなりに資産を残したいという意向があることが分かり，自社株の売却資金について，生前贈与の活用を提案。金融機関の商品である暦年贈与信託，複数の孫への教育資金贈与信託の成約につながりました。

　この一連の取り組み（株式⇒現金⇒贈与）により，結果として相続税対策も実現できました。

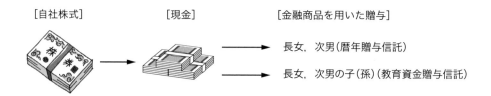

[自社株式]　　　　　　[現金]　　　　　　[金融商品を用いた贈与]

長女，次男(暦年贈与信託)

長女，次男の子(孫)(教育資金贈与信託)

② 持株会社の活用～種類株式もあわせて導入～

　株価が一時的に下がった会社オーナーに，銀行担当者が持株会社による株式の買い取り提案を行い，実行することに。後継者である長男設立の持株会社への株式買取資金を融資することができました。

　なお，会社オーナーは経営権の承継は5年後という意向を持っており，株式の承継を進めながら，一定の経営権は確保できるよう，持株会社に種類株式を導入し，会社オーナーがその種類株式を所有することにしました（種類株式については事例1-1を参照）。

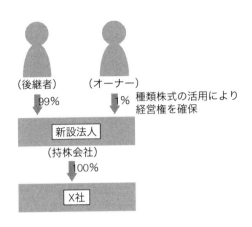

●失敗事例

　持株会社による株式買い取りを実行した後，銀行への返済に必要な資金を，事業会社から持株会社に配当。銀行提案資料に，100％子会社からの配当については，持株会社において税金がかからないという記載があったが，一定の株式保有期間が必要であり，その期間を満たしていなかったことから税金が発生し，提案した銀行はクレームを受けました。

　提案資料には，実行にあたり顧問税理士への相談が必要であること，また，一定期間の株式保有要件も記載されていたものの，いずれも脚注での案内であり，顧客が感じたのは「説明不足」。

　他の事例同様，金融機関としての法的なリスクヘッジはできても，顧客との信頼関係は損なわれることになるため，顧問税理士を始めとする各専門家への確認が必要になることを，十分説明する必要があります。

オーナー経営者が事業承継を決断できない ～高齢で健康不安があるケース

　X社の会社オーナーは高齢で体調が思わしくなく，周囲から事業承継を促されていますが，後継者である長男（専務）への事業承継に踏み切れません。

　この場合，どのような提案があるでしょうか？

他にもこんな顧客に提案できる

後継者はいるが下記のような状況：

・将来の事業承継に向けて，準備が進んでいない
・自社株の贈与や相続に伴う税金の負担をなるべく少なくしたいと考えている

提案の内容

●提案内容

① 事業承継税制に関する平成30年度改正の情報提供

　平成30年度税制改正において，事業承継税制（自社株式に係る相続税・贈与税の

納税猶予・免除制度）が大幅に改正されました。改正後の制度を活用する場合，特例措置として，自社株式を相続した際にかかる相続税又は贈与した際にかかる贈与税の負担がゼロとなります。

② 事前準備

事業承継税制を活用する場合，事前に事業承継の計画書を提出しておく必要があります。

会社オーナーに急な相続があった場合，当該計画書の提出がないと，後継者は制度を適用できず，納税負担がゼロになりません（2023年3月31日までは例外の取扱いあり）。

なお，計画書の提出段階では，事業承継を実行する必要はなく，また，計画書通りに事業承継を実行しなかったとしても罰則はないことから，事業承継を決断できない会社オーナーにも取り組みやすい内容となっています。

● 事業承継税制の主なメリット・デメリット

① メリット

【税金負担がゼロになる（納税猶予）】

自社株式を相続した際にかかる相続税又は贈与した際にかかる贈与税の負担がゼロとなります。

【後継者が所定の条件を満たした場合，猶予されていた税額は免除される】

会社オーナーから事業を承継した後継者が，さらに次の世代に事業承継を行った場合（その際も事業承継税制を使用する必要あり）や，株式を所有したまま亡くなった場合等には，猶予されていた税額は全額免除されます。

② デメリット

【会社の解散や，M&Aで会社を譲渡等した場合には猶予税額の支払義務が生じる】

会社オーナーから事業を承継した後継者が，会社を継続できないこととなった場合，猶予されていた期間の利子税とあわせて，猶予されていた税額を納付する必要があります。

(参考：平成 30 年度改正による緩和措置)

　平成 30 年度税制改正により，会社の業績不振等（一定の基準あり）により会社を廃業や M&A をする場合，支払う税額が減額される措置が設けられました。

　改正前は会社を廃業した場合，当初猶予されていた税額を全額支払う必要がありましたが，改正後は，全額ではなく，廃業時の会社業績に応じた税額を支払い，当初の税額との差額は免除されます（下記事例参照）。

　また，M&A で会社を譲渡した際，譲渡価額が一定額未満であった場合に支払う税額が減額される措置も設けられています。

《事　例》

　法定相続人は承継者である子ども 1 人，会社オーナーの財産が自社株（2.1 億円）のみである場合に事業承継税制の適用を受け，10 年後に一定の基準を満たす業績不振により廃業することになった場合の取り扱い

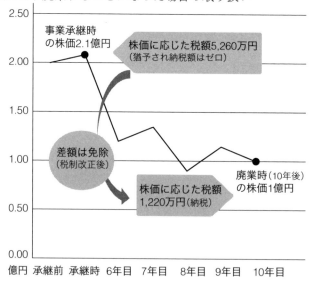

●相続税の納税猶予制度と贈与税の納税猶予制度のいずれを使うか

　相続はいつ発生するか分かりませんが，贈与は実行時期を選ぶことができるため，

まずは贈与税の納税猶予制度の活用を優先して考えます。

　特例制度を利用する場合，相続税又は贈与税の納税猶予制度のいずれによっても納税負担はゼロとなります。ただし，将来，会社の解散やM＆A等をした際，その時点で猶予されていた税金を全額支払う必要があります。その税金は当初制度を活用した時点の株価を用いるため，株価が低い時点で制度活用すると，将来の備えになります。その意味で，まずは実行時期を自ら決められる贈与税の納税猶予制度の活用を検討することが望ましいと言えます。

●金融機関にとってのビジネス

　本税制を活用する場合，金融機関ビジネスには結びつきにくいですが，顧客との関係強化につながったり，会社オーナーに事業承継を促すきっかけとなります。

　なお，贈与税の納税猶予制度を利用する場合，将来税金の支払事由が発生した場合に備えて，株価対策をしてからの手続きを提案することがあります。この場合は，通常の自社株式の承継同様，利益対策の提案が行えます。

提案を行う際の留意点

●事業承継税制の概要

① 平成30年度税制改正の効果

　税制改正による特例制度を活用する場合，自社株式を相続した際にかかる相続税又は贈与した際にかかる贈与税の負担がゼロとなります。なお，納税負担はゼロとなりますが，実際には「条件付きで納税が猶予される」取り扱いです。

　前述の通り，将来，会社を解散したり，M＆Aで会社を譲渡等した場合には猶予税額を支払うことになります。

② 従来の制度との違い

　事業承継税制は以前からある制度ですが，制約が多く，あまり活用されていませんでした。

　平成30年度の改正において，本税制の活用を促すため，2027年12月31日まで

の期間限定での特例措置として，納税負担及び要件が大幅に緩和されました。

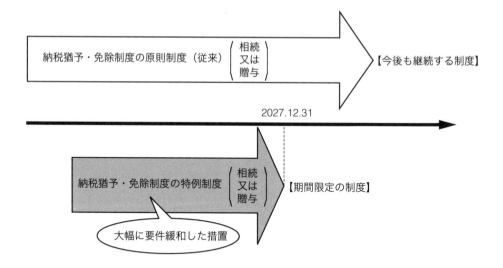

③　特例制度を受けるための手続き

【2024 年 3 月 31 日までの取り組み】

　事業承継の計画を都道府県に提出し，確認を受ける必要があります。

　提出にあたっては，事前に金融機関や税理士といった認定経営革新等支援機関の助言・指導を受ける必要がありますが，それほど難しいものではありません。

【2027 年 12 月 31 日までの取り組み】

　実際に事業承継を実行する必要があります。

　会社オーナーの死亡に伴う事業承継又は会社オーナーが生前に行う事業承継のいずれかとなりますが，生前に事業承継を行う場合，会社オーナーは自社株式とあわせて代表権も後継者に譲る必要があります。

●事業承継を決断できない会社オーナーに伝えるポイント

①　事業承継計画の早期提出

　本特例を受けるためには，事前に事業承継の計画書を提出しておく必要があります。特に 2024 年 4 月 1 日以降は，計画書を提出せずに会社オーナーが死亡した場合，

後継者は本特例措置を適用できません。

したがって，会社オーナーに事業承継の意向がなかったとしても，後継者又は後継者候補がいる場合には，万が一の相続に備えて当該計画書を提出しておく必要があります。

② 事業承継計画は変更可能

計画書には，いつ，誰に，どういった方法で事業を承継する予定かといった内容を記載する必要がありますが，提出後に内容を変更する場合，再提出すればよいことになっています。

③ 事業承継計画は強制されない

事業承継税制を利用しなかったとしても，罰則はありません。

以上から，会社オーナーにとって，事業承継計画書を提出することによる不利益はありません。一方で，2024年4月1日以降は，計画書を提出していない場合，本税制の特例措置が受けられないため，まずは計画書を提出しておくことが大切です。

参考事例

●成功事例

後継者はいるものの，事業承継を決断できない会社オーナーに，金融機関担当者が事業承継の税制改正について情報提供。会社オーナーは「今すぐ事業承継をするつもりはないが，急な相続時の備えになり，後継者の選択肢が広がる」ことを重視し，事前準備となる事業承継の計画書を提出することになりました。

また，情報提供時，将来の遺産分割にも話が及び，自社株式は後継者である長男に譲りたいが，離婚し子ども（孫）がいる長女にも援助してやりたいという意向があることが分かり，担当者から遺言の活用を提案。遺言信託手続きを進めることになりました。

●失敗事例

ベテランの銀行担当者が会社オーナーに持株会社による株式買い取りを提案し，

実行に向けて具体的な検討が始まりました。しかし，会社オーナーが他の金融機関から，贈与による対策や事業承継税制の活用に関する情報提供を受け，持株会社による実行案はとん挫することに。融資ありきの提案で，選択肢が一つしか示されていないことについて，会社オーナーが不信感を持ったことが原因でした。

　ベテランの担当者ともなれば，過去の経験から，提案対象の会社にとって効果的だと思われる対策案が分かってきますが，実行直前又は実行後にトラブルにならないよう，提案の際は複数の選択肢を提示し，丁寧に進めることが望ましいでしょう。

どうする？
どう考える？

顧問税理士の反応

　相続・事業承継の提案に顧客が関心を寄せ，前向きに検討しても，顧問税理士が難色を示し，実行に至らないというケースがある。
　難色を示す理由として下記のようなものが多いと思われる。
① 金融機関の融資や金融商品の売り込みが前面に出て，顧客本位ではない
② 顧問税理士主導で提案する
③ 実行に伴う税務リスクは，提案をした金融機関ではなく顧問税理士が負う
　①について，金融機関が自身のビジネスを考えることは当然であるが，本書の失敗事例でいくつか取り上げた通り，顧客目線ではない提案はかえって信頼を失うことになる。優先すべきは顧客の課題解決で，その解決手段の一つとして，金融機関にとっても収益につながる融資や金融商品の活用を目指すことが望まれる。
　②について，もったいないのは，顧問税理士から提案するという話があった後，相続・事業承継の業務経験が少ないといった理由や繁忙期と重なり，結局具体的な提案がないというケースがあること。この点に関して，自分の知らな

いところで顧客が提案を受け，話が進むことに抵抗がある税理士が多いことをまずは認識する必要がある。金融機関からの提案にオーナーが関心を示した場合，可能であれば，顧問税理士の同席を依頼し，実行内容の説明や情報の提供等により，協働を促す取り組みが大切だと考える。

③について，金融機関は，各種リスクに関して，提携している税理士や弁護士に相談をしてから提案しているケースが大半だと思われるが，個別の事情により税務判断等が分かれるケースもある。このため，提案書には「一般的な取り扱いに基づく提案」であることと，「税務リスクは顧問税理士等の専門家に確認するよう」記載がされていることが多い。顧問税理士からすると，リスクだけ押し付けられるような気持ちになるのは当然かもしれない。

税理士も専門分野が分かれてきており，相続・事業承継の業務はほとんど経験がないという場合もある。こうした場合は，各金融機関が提携している税理士を紹介する等により，実行に関するリスクを顧問税理士に負担させないような取り組みが必要であり，実際に，相続・事業承継は顧問税理士とは別の税理士が対応するケースも増えている。

ただし，この場合も②と同様，顧問税理士への事前説明や情報共有，通常の税務業務について契約変更がない点などを確認しておくことが大切である。

事例 1-4　2つの事業を兄弟それぞれに任せたいと オーナー経営者が考えている

　X社は，卸売業とシステム開発業を行っています。

　長男は専務として卸売業を統括し，次男は常務としてシステム開発業を統括しています。社長は，長男には卸売業を，次男にはシステム開発業を承継してもらいたいと考えています。

　どのような提案ができるでしょうか？

　なお，卸売業とシステム開発業の顧客は重複せず，それぞれ独立して営業をしており，従業員の採用・人事も事業部ごとに行っています。

他にもこんな顧客に提案できる

・2つ以上の事業を行っている
・後継者が2人以上おり，担当事業を分けている

提案の内容

　会社分割（分割型分割）で2社に分割し，2社の株式を長男・次男それぞれに承継することが考えられます。

提案を行う際の留意点

●複数事業，複数後継者がいる場合の承継パターン

　本設例のように，事業が複数あり，親族後継者が複数いる場合の事業承継は，大きく2つの承継方針があります。

　例えば，長男・次男の2人の後継者がいるものとします。役職は例示です。

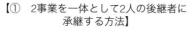

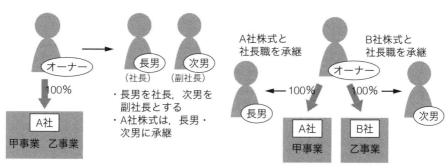

【①　2事業を一体として2人の後継者に承継する方法】

【②　2社に分割し，それぞれを承継する方法】

　2つの承継方針には，以下のメリットとデメリット・リスクがあります。

	①２事業一体で承継	②２社をそれぞれに承継
メリット	・２事業で相互補完が可能 （顧客の紹介，商流の補完，人の融通，財務の補完など） ・２事業あることによるリスク分散	・それぞれが独立性・主体性を持って，制約なく経営することが可能 ・経営方針などで揉めるリスクがない ・序列をつけなくて良い
デメリット・リスク	・２人の後継者が経営方針や価値観の違いから揉めるリスク 　→親族の仲にも影響 　→退職金の要求や株式買取りなどの金銭トラブルになることも ・社長と副社長，第１位株主と第２位株主というように職位・株数に序列をつけなければいけない※	・事業の補完関係がなくなることによる収益性や組織力の低下 ・１社が２社になることによるコスト増加 ・２事業を分ける際の従業員・取引先への影響

※部下に序列をつけることは「経営者」としては当然の行為だが，「父親」としては心苦しいことがある。特に，下の子の方が後継社長としての適性が高い場合，「経営者」兼「父親」として悩みが深刻であることが多い。

　どちらの承継方針が適切かは，様々な要素を考慮して決定します。

〔２事業の関連性〕

・相乗効果や補完関係の有無

〔事業の収益性〕

・それぞれの事業は，独立採算が成り立つか

〔人事，組織運営〕

・採用・育成は一体か，それぞれか

・事業間の人事異動はあるか

・事業所は同じか，別々か

〔２人の後継者のタイプ，関係〕

・仲は良いか

・互いを認め，尊重しあいながら共同経営が可能か

〔創業者・父としての思い〕

・２事業を一体で継続していくべきか

・２人に力を合わせて共同経営させたいか

・2人それぞれに，独立して経営をさせたいか

〔後継者2人の思い〕

・共同経営していきたいか

・独立して経営していきたいか

　世の中には，兄弟経営の会社はたくさんあります。兄弟経営者が良い関係で経営を続けている会社もあれば，経営方針や価値観の違い等で対立したり揉めた会社もたくさんあります。

　兄弟経営がうまくいっている会社は，リーダー役とサポート役がハッキリしているケースが多いように思います。双方がそれぞれの役割・立場に徹しており，また，双方が相手への尊敬・気遣い・感謝を大事にしているように感じます（特に，リーダー役のサポート役に対する気遣いが大きいように感じます）。

　①の一体経営・一体承継を目指す場合は，「自分たちに限って揉めることはない」と過信せず，「意見や価値観のズレ・対立は必ず起きる。その際どうするか」をあらかじめ話し合っておくことが必要と感じます。

●本設例の場合の提案

　本章では，②の2社に分割したうえでそれぞれに承継するケースを解説します。

①　会社分割（分割型分割）

【概　要】

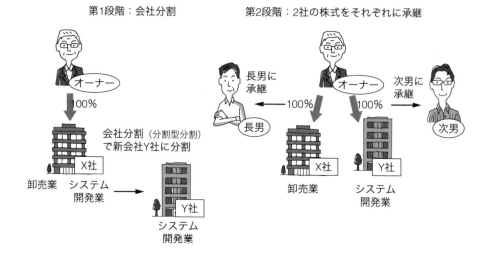

第1段階：会社分割
第2段階：2社の株式をそれぞれに承継

　システム開発業を，新会社 Y 社に会社分割（分割型分割）で移転します。オーナーは X 社と Y 社の株主になります。そして，卸売業 X 社の社長職と株式を長男に承継（贈与等）し，システム開発業 Y 社の社長職と株式を次男に承継（贈与等）します。

【課税関係】

　税制適格会社分割の要件を満たせば，X 社はシステム開発業の資産・負債を簿価で譲渡したものとされます。したがって，課税は発生しません。

　また，株主である社長は新会社 Y 社の株式を受取りますが，税制適格会社分割の要件を満たせば，株主にもみなし配当課税は発生しません。

　すなわち，税制適格会社分割に該当する場合，法人税も所得税も発生しません。

　社長から長男・次男への X 社株式・Y 社株式の贈与等には，贈与税等が課税されます。

【会社分割の際の要検討事項】

　会社分割の際には，以下の検討が必要です。

・新会社の社名

・本店所在地

・資本金

・役員構成

・転籍する従業員

・移転する資産・負債（特に，本社不動産や銀行借入のように，全社共通の資産・負債はどうするか）

・事業計画

② X 社株式・Y 社株式の承継（贈与等）

　会社分割後の X 社株式・Y 社株式を長男・次男に贈与等する際に，相続税の株価の観点から，2 つ留意点があります。

【会社分割後約 3 年間は，X 社株式も Y 社株式も類似業種比準価額が使用できず，純資産価額で評価されること】

　Y 社は，会社分割により新設される法人です。設立後 3 年未満の会社は，類似業種比準価額は使用できず，純資産価額で評価されます。

　類似業種比準価額は，類似業種の比準要素と自社の比準要素を比較して株価計算をしますが，開業後 3 年間は自社の比準要素（1 株当たりの配当・利益・純資産）の実績が不十分だからです。

　また，X 社も，会社分割により事業構成や財務内容が大きく変化します。

　会社分割後 3 年程度経過しないと，変化後の事業構成・財務内容に基づく比準要素が適切に把握できません。したがって，会社分割後約 3 年間は，類似業種比準価額は使用できず，純資産価額で評価されます。

　3 年間は株価が高くなることがありますので，留意が必要です。

【会社分割により，分割前よりも会社規模が小さくなること】

　会社分割を行うと，分割後の X 社・Y 社は，分割前の X 社よりも会社規模（年商，総資産，従業員数）が小さくなります。

　相続税の株価計算は，会社規模に応じて，類似業種比準価額と純資産価額の折

衷割合が変わります。

　会社規模が小さいほど，純資産価額の割合が高くなり，株価は高くなる傾向にあります。

　会社分割により，会社規模が小さくなる結果，株価が高くなることがありますので注意が必要です。

③　ホールディングス形式による一体経営・一体承継

　卸売業のX社，システム開発業のY社と分けたうえで，それぞれの社長職を長男・次男が承継し，X社・Y社の株式はホールディングスが所有するという方法もあります。

　「①2事業一体で承継」と「②2社をそれぞれに承継」の折衷的な位置づけです。

　長男がX社社長，次男がY社社長としてそれぞれの経営をしつつ，グループ経営・共同経営のメリットも追及する方法です。グループ経営のメリットとは，例えば，管理部門をホールディングスに集約してコスト削減を図ったり，グループの規模・信用力を資金調達や人材採用に活かすといったことです。

　ただし，この形式は本質的には「①2事業一体で承継」に近いため，この形式でも対立や揉めるリスクは当然にあります。

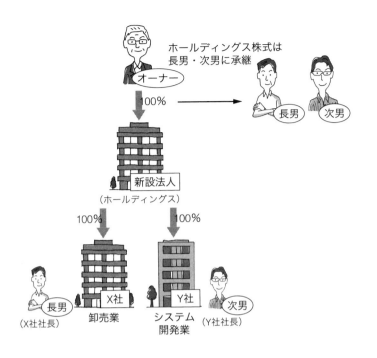

ホールディングス株式は
長男・次男に承継

オーナー

100%

長男 次男

新設法人
(ホールディングス)

100%   100%

長男   X社   Y社   次男
(X社社長)   卸売業   システム   (Y社社長)
                          開発業

家族の意向

　事業承継を検討中の会社オーナー。"オーナーの意向"としては,今期をもって退任し,後継者である子どもに事業承継をしたいとのこと。その意向を踏まえて,金融機関担当者はオーナーと一緒に半年程度かけ退職金の支給額・支給方法・支給時期,資金繰り,持株会社への株式譲渡等のプランを検討した。

　ところが,いざ実行という段階で,オーナーの配偶者(会社の役員兼経理担当)がこのタイミングでの事業承継に反対し,実行は延期となった。

　理由は,後継者である子どもの年齢が若く(30代半ば),早すぎる事業承継が負担になるという親心。後継者の能力からみて,また,現オーナーが退任後

も後継者の相談にのることで，問題はないように感じたが，家族会議の結果，後継者も自信を持てず，実際の事業承継は3年後と決まった。

　事業承継の支援そのものがなくなったわけではないが，限られた時間の中で動いている担当者からすると，（当面は）当社ではなく，別の取引先にもう少し時間をかけられたという徒労感が残った。

　事業承継はオーナーの決断により進むことが多いが，時に家族の意見により方針が変わることもある。特に配偶者が会社に関与している場合には，早い段階で配偶者の意向も確認しておくことが必要である。

CHAPTER 2

親族外承継

オーナー社長であるA氏は高齢となり引退，事業承継を検討しています。

A氏の子供は東京の大企業に勤めており，自社には子供や親族の後継者はいません。

事業承継について，どのような提案があるでしょうか？

100%

オーナー

X社

長男
（他社で勤務）

他にもこんな顧客に提案できる

・オーナー経営者が高齢，かつ，親族後継者がいない企業

提案の内容

●事業承継の3つの選択肢

事業承継には，大きく「親族内承継」「役員・従業員への承継（MBO）」「M&A」の3つの選択肢があります。

親族後継者がいない場合は，第三者へのM&Aか，役員・従業員へのMBOが選択肢になります。どちらも難しければ廃業を選択することになります。事業継続・雇用継続のためには，廃業よりもまずM&AかMBOを検討すべきといえます。

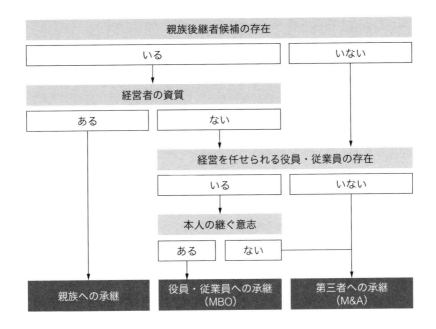

●本書の MBO の定義

MBO とは，「Management Buy Out（経営陣による買収）」の略です。

親族ではない役員・従業員後継者に，代表取締役になってもらい，オーナーが所有する自社株を買い取ってもらう方法です。銀行借入があり現経営者が個人保証をしている場合は，当該個人保証を引き受けてもらうことも多いです。

MBO とは，役員・従業員後継者に「代表職」，「個人保証」，「自社株」の 3 つの承継をしてもらうこと，と言えます。

なお，いわゆる投資ファンドが主体となってオーナーの株式を買取る際に「MBO」という言葉が使用されることがあります。本書での「MBO」は，投資ファンド主体の株式買取りは含まず，役員・従業員後継者による株式買取りを指すこととします。

●M&A による事業承継

近年，事業承継の選択肢として，M&A を選択するオーナー経営者が増えています。

オーナー経営者が自社の株式を第三者である事業会社に譲渡し，経営権を第三者に譲ることで，自社の事業を承継し継続するのです。

　M&A は売り手にとって，以下のメリットがあります。

(1) 自社事業を継続する

(2) 雇用を維持する

(3) 取引先・仕入先との取引を継続する

(4) 社名が残ることも多い

(5) オーナー家株主に株式譲渡代金が入る

(6) オーナー経営者の個人保証を解消できる

(7) 買い手とのシナジー効果によって，売り手の事業の成長・発展が期待できる

　買い手にとっても，他社の株式を取得し事業を継承することで，以下のメリットがあります。

　近年は，大企業や上場企業だけでなく，中小企業の買い手も増加しています。

(1) 商圏の拡大

(2) 事業領域の拡大

(3) 商品・サービスメニューの拡大

(4) 取引先・仕入先・外注先の獲得

(5) 人材確保

(6) 技術・ノウハウの獲得

(7) 事業規模の拡大によるスケールメリットの追及

(8) 自社で立ち上げる場合と比べて大幅に時間短縮できる

　親族後継者のいないオーナー経営者にとって，M&A は，自社の事業継続と自身の仕事の引継ぎ・引退を着実に行える，非常に有力な事業承継手法です。今後，M&A による事業承継は一層増加するものと思います。

●「3つの事業承継」のメリット・デメリット

　親族内承継，従業員等への承継（MBO），M&Aのメリット・デメリットは，以下の通りです。

(1) 親族内承継

メリット	デメリット
①後継者選定に悩まない。ブレない。 ②早い段階で後継者を決めているため，後継者育成にじっくり取り組める。 ③社内・社外の関係者から，理解を得やすい。	①親族後継者に経営能力・資質があるとは限らない。 ②自社株の承継にかかる納税資金が必要。

(2) 従業員等への承継（MBO）

メリット	デメリット
①社内で最も優秀・適任な人材を選定できる。 ②入社歴が長いと，自社の事業・現場の理解が深く，引継ぎがスムーズ。	①後継者候補に断られることが多い。 ②後継者候補に株式買取りの資金がない。 ③個人保証の引き継ぎが難しい。 ④M&Aより売却株価は低い。

(3) M&A

メリット	デメリット
①引継ぎ候補先の選択肢が広い。 ②株式譲渡代金を得られる。 ③買い手との相乗効果や信用強化で，自社事業が一層発展・成長できる可能性がある。	①自社の理念・社風・スタンスが継続されない可能性がある。

●M&Aが成功しやすい会社

　オーナー経営者が事業承継のためにM&Aを希望する場合，良い買い手が現れるか，良い条件が得られるかは，売り手の内容次第です。M&Aの成否は，複合的なもので一概に整理することは難しいものですが，以下に良い買い手が現れやすいポイントを列挙します。

　なお，以下のポイントは，親族後継者や従業員後継者が継ぎたいと思う会社かどうかと共通する点も多いと思います。

【M&A で良い買い手が現れやすいポイント】

(1) 事業規模（年商，正社員数）が相応にある（目安として年商 1 億円以上，正社員数 5 人以上）

(2) 営業利益が黒字である

(3) 内部留保が多い

(4) 銀行借入が少ない

(5) ストック型の業種（不動産管理業，ビルメンテナンス業など）

(6) スケールメリットの利く業種，再編盛んな業種（調剤薬局，保険代理店，卸など）

(7) 商圏の人口が多い

(8) 優良な取引先を有している

(9) 取引先が程よく分散している

(10) 特殊な技術を有している

(11) 許認可業種である

(12) 自治体や官公庁の入札実績がある

(13) 知名度が高い

(14) ブランド力が高い

(15) 社長以外の取締役（管理，現場）がいる

(16) 取締役がいなくても，部長クラス（管理，現場）の責任者がいる

(17) 20 代〜40 代の次世代又は若手社員が多い（60 代，50 代ばかりではない）

(18) 技術者・資格者が多い

(19) 営業は社長 1 人に依存していない

(20) 月次決算を行っている

(21) 社長・幹部・現場が数字に強い，採算意識が強い

(22) 職場の雰囲気が明るい，職場がきれい，社員が挨拶をするなど，職場・社員に活気がある

●MBO が成立しやすい会社

前述の「M&A で良い買い手が現れやすいポイント」に加えて，MBO 特有のポイントを挙げれば，以下のとおりです。

【MBO が成立しやすいポイント】

〈会社〉

　(1) 本業が黒字である

　(2) 時価債務超過でない

　(3) 設備資金，経常運転資金が多額でない

〈オーナー経営者〉

　(4) M&A より MBO を希望する明確な理由がある（事業の特性上，「独立系」であることに強みがある　など）

　(5) M&A よりも売買価格は低くてもよい

〈従業員後継者〉

　(6) 代表取締役社長に就任済み，又は，就任の意思がある

　(7) 個人保証を引き受ける意思がある

　(8) 自社株を買い取る意思がある

親族後継者がいない場合，「従業員に継いでほしい」と考えるオーナーが多いですが，従業員承継（MBO）が成功するケースは稀です。

理由は，「社長職」と「自社株」を承継してくれる従業員後継者が少ないからです。断る人が多いのです。

MBO の「絶対条件」は，従業員後継者に「社長就任」と「自社株買取り」の意思があることです。

参考事例

●赤字企業の M&A の事例〜娘への承継から M&A へ

老舗旅館で，娘に社長兼女将を承継しています。承継後 10 年ほど経過し，顧客の嗜好の変化もあり客足が減少。慢性的な赤字になっていました。

オーナーと娘とで話し合い，再建力のある買い手に M&A で譲渡することに。マンネリによる客離れと，赤字幅が大きいことから買い手候補がなかなか現われませんでしたが，最終的には若手同業経営者が引受け，再建を実現。

赤字ではあったものの歴史と知名度を有すること，地域金融機関と M&A アドバイザーが約 1 年に渡り粘り強く買い手候補を探し続けたことで，M&A と事業継続が実現したケースです。

●MBO を断念し M&A に切り替えた事例

従業員に引き継ごうと，創業オーナーは代表取締役会長になり，従業員が代表取締役社長になりました。

5 年経過後，株の買取りを相談したら，「株の買取りはできない」「貯蓄はないし銀行借入はしたくない」と断られました。そのため MBO は断念し，M&A に方針転換しました。

実は，これは非常に多いケースです。MBO は失敗したが，企業価値を落とさずに M&A が良い形で実現できた。これなら良いでしょう。

しかし，中には，代表交代後に業績が悪化した，従業員後継者の求心力が弱くて幹部が数名退職した，ということもあります。最悪の場合，M&A に方針転換した時には企業価値が激減していた，内容が悪く引継ぎ先が見つからなかった，ということもあります。

従業員承継には，常に見極めと，状況に応じて M&A へ方針転換する備えが必要だと思います。

親族ではない従業員への承継をしたいとオーナー経営者が考えている

創業オーナーである A 氏は代表取締役会長，30 年勤めた B 氏（A 氏の親族ではない）は代表取締役社長を務めています。A 氏は B 氏への事業承継を希望しており，B 氏も継ぐ意思があるようです。

どのような提案をすれば良いでしょうか？

> 他にもこんな顧客に提案できる
>
> ・社長が高齢で親族後継者がいない
> ・社内に後継者候補の役員・従業員がいる
> ・社長が従業員後継者への事業承継を希望している

提案の内容

●MBO（親族ではない従業員への承継）

MBO の提案が考えられます。A 氏所有の株式を B 氏に譲渡します。

その際に，A 氏への退職金を活用することによって，個人法人ともに税メリットをとり，B 氏の買取り資金負担を軽減することも可能です。

また，財務内容によっては持株会社の活用も検討します。

この事例のように，「従業員に継いでほしい」オーナーの思いと，従業員後継者の社長職と自社株を「継ぎたい」意思が合致すれば，あとはタイミング，株価，スキーム，資金調達が焦点になります。オーナーも従業員後継者も，通常は株価・スキーム・資金調達については情報が乏しく具体的アイデアがありません。それがゆえに，タイミング・実行の是非を決定できていないことも多いようです。

株価・スキーム・資金調達について具体的な提案をすることで，オーナー・後継者の MBO の実現を後押しします。

提案を行う際の留意点

●役員退職金の支給

MBOの際には，創業オーナーに対する退職金支給を行うことが効果的です。以下の3つの点でメリットがあります。

(1) 法人の損金算入（税効果によりキャッシュフロー増加）

(2) 個人の所得税等の税率が低い

(3) MBOの株価を下げて後継者の株式買取りの資金負担を軽減

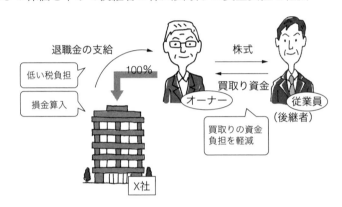

① 税務上の取扱い

税務上は以下の取扱いとなります。

法人…損金算入（不相当に高額な部分は損金不算入）

個人…退職所得となり，3つの優遇措置あり

  (1) 退職所得控除

  (2) 所得金額を2分の1にする

  (3) 他の所得と分離して所得税を計算する（税率が低くなる）

② 具体的な例

具体的なケースを紹介します。

役員報酬月額100万円，勤続年数40年の創業オーナーが代表取締役を退任し，役員退職金として1億円を支給するものとします。1億円は不相当に高額ではないものとします。

【法人】

1億円　損金算入

法人は1億円の損金を本業の利益と相殺できます。当期の利益と相殺できない場合は，翌期以降の利益と相殺できます。この税効果によりキャッシュフローが上がり，MBO資金の返済にもプラスに働きます。

【個人】

(1) 退職所得控除

40万円×20年＋70万円×20年＝2,200万円

(2) 退職所得の金額

（1億円−2,200万円）×1/2＝3,900万円

(3) 税額

3,900万円×50.840％−約285万円＝約1,697万円（実質税率16.9％）

オーナー個人は実質税率16.9％の低い税負担で退職金を受給できます。

【後継者の資金負担】

役員退職金を支給することで会社の資産価値が下がり，会社の株価が下がります。従業員後継者の株式買取り資金負担の軽減にもつながります。

●持株会社の活用

退職金支給後の株価総額が3,000万円程度（目安）までであれば，従業員後継者が個人で銀行借入をすることも可能です。役員報酬を原資に銀行借入を返済します。

ただし，後継者個人の銀行借入は，以下のようなデメリットがあります。

(1) 個人で銀行借入することの精神的負担

(2) 借入金金利と給与所得は損益通算ができない

(3) 返済原資となる役員報酬の社会保険料・所得税の負担が重い

株価総額が3,000万円を超えるような場合は，持株会社方式を検討します。持株会社方式は，以下の手順で行います。

(1) 従業員後継者が持株会社を設立する

(2) 持株会社が銀行から借入れをする

(3) 持株会社が資本金・借入金を原資に、オーナーの株式を買取る

(4) 持株会社は存続し配当等で元利金を弁済する、又は、会社が持株会社を吸収合併する

＜合併せず、持株会社を存続させる場合＞

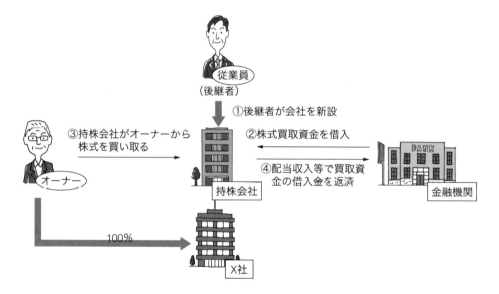

＜会社が持株会社を吸収合併する場合＞

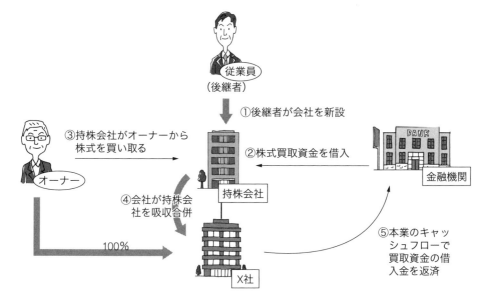

持株会社を活用し合併をするケースでは，以下のメリットがあります。

（1）後継者が個人で銀行借入するよりも精神的に受入れやすい（ただし，持株会社の銀行借入に個人保証をする可能性はあります）

（2）本業の利益と借入金金利を損益通算できる

（3）返済のための役員報酬増額をする必要がなく，社会保険料・所得税等の負担が減る

従業員後継者個人の資金負担及び借入のプレッシャーが減り，会社・個人のキャッシュフロー効率が上がり，銀行にとっても融資がしやすい手法です。実際に，個人の借入での買取りだと話が進まなかったが，この方式ならと実行に踏み切った事例もあります。

今後は，地域中小企業の事業承継において，この持株会社方式による MBO は増加するものと思います。

●本業は従業員後継者に，賃貸不動産は創業オーナーの新会社に残した事例

　～平成29年度税制改正

　本業と関係のない運用資産はオーナー家で継続所有したいというケースもあります。運用資産とは，賃貸不動産，上場株式・投資信託，役員保険などです。例えば，本業は従業員後継者に事業承継したいが，賃貸不動産はオーナー経営者が引き続き継続所有したいという場合は，どのような方法があるでしょうか。

　平成29年度税制改正で，会社分割の特例税制の要件が緩和されました。改正後の新制度により，賃貸不動産を新会社に包括承継し，本業を行う会社の株式を従業員後継者に譲渡する（MBO）という手法が行いやすくなりました。

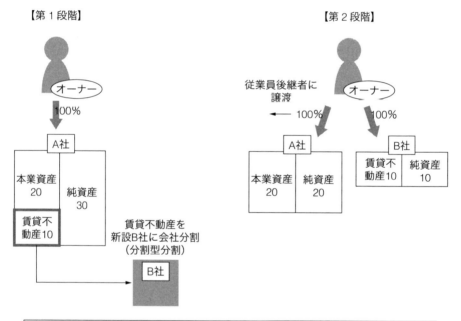

改正前	改正後
・A社は賃貸不動産を時価で譲渡したものとして，譲渡益に対して法人税等を課税 ・賃貸不動産の純資産相当額が配当されたものとみなされて，A社株主に配当所得課税（総合課税）	・A社に時価譲渡課税なし ・A社株主にみなし配当課税なし

改正前は，会社分割後にオーナーがA社株式とB社株式いずれも継続所有する見込みであることが税制適格要件とされていました。会社分割後にA社株式の売却予定がある場合，税制非適格とされ，A社に時価譲渡課税，A社株主にみなし配当課税が行われていました。

改正後は，オーナーがB社株式を継続所有する見込みであることだけが税制適格要件とされました。会社分割後にA社株式の売却予定があっても，税制適格要件を満たすことになりました。

この特例を活用し，賃貸不動産部分に法人税も所得税も課税なくB社に移転することが可能です。

また，そうすることで，会社の資産を少なくし，従業員後継者の買取り資金の負担を軽減できます。

●種類株式を活用した事例

従業員後継者に大半の株式・権利を移転するが，万が一に備えてオーナー経営者が一定の歯止めの権利を残しておきたいというニーズがあります。

従業員後継者に全株を譲渡し，オーナー経営者は黄金株（拒否権付株式）を1株だけ所有する，という事例がありました。

黄金株とは，株主総会等において重要議案を否決できる権利を与えられた特別な種類株式のことです。黄金株式をオーナー経営者が所有することで，重要議案（例えば取締役の選任・解任，会社の合併など）についてはオーナーの承諾が必要になります。そしてオーナー経営者は一定期間，従業員後継者の経営が健全かつ堅調に行われていることを確認した後，当該黄金株を従業員後継者に譲渡し，事業承継を完成させるのです。

実はこの会社は，内部留保潤沢・キャッシュフローも潤沢でしたが，設備資金の借入も多額にあり，当該借人にオーナーが個人保証をしていました。銀行借入が多額であったこと，従業員後継者の経営実績が乏しかった（MBO実行前は取締役ではない従業員であった）ことから，取引銀行からは，MBOの資金融資及び今後の

支援のために，以下の要望を受けました。

(1) オーナーが取締役相談役として経営をサポートすること

(2) オーナーが株式の一部を継続所有すること

(3) オーナーの個人保証を継続すること（既存借入については継続。新規借入については新たな個人保証は不要）

　全ての銀行借入の個人保証が外れるまでは黄金株式を所有し会社経営を見守る（万が一の場合は歯止め役になる），経営が順調で借入返済が進み個人保証が外れたら黄金株式も承継する，という具合に個人保証及び株式の承継を，段階的に行ったケースです。

どうする？
どう考える？

地域金融機関にしかできない事業承継支援 ～中小企業の MBO 支援～

　MBO には「資金」が必要である。

　会社及び後継者を資金支援する「金融機関」が必要である。

　筆者は，地方の中小企業の MBO ニーズに対する資金支援は，地域での長くて裾野の広い営業活動により，中小企業の事業内容・財務内容のみならず，沿革・社風・取引関係・評判や，従業員後継者の人柄・能力・血縁・地縁まで把握している地域金融機関にしかできない役割だと考えている。

　中小企業経営者の大量引退が予定される中，M&A でも廃業でもなく，従業員後継者への事業承継を希望する取引先も増えるものと思われる。その際には，地域金融機関によるサポートが必要である。

　また，経営・財務経験の乏しい従業員後継者にとって，MBO を地域金融機関がサポートしてくれることは「資金」面だけでなく「精神」面でも強い支えになるものと感じる。

事例 2-3 オーナー家が親族で継続したい事業と, 第三者に売却したい事業がある

X社は，小売業を営んでいます。また，複数の賃貸不動産を保有・運営しています。

小売業は親族後継者・社員後継者がいないためM&Aし，不動産賃貸業は娘に継がせたいと考えています。小売業は，店舗数・従業員数・仕入先も多く，地域消費者の知名度も高いです。

従業員・仕入先・地域消費者の混乱・不安を避けるために，M&A後も相手先の一子会社として法人格・社名・店舗名は継続して欲しいと考えています。

どのような提案があるでしょうか？

複数の事業を行っている

・それぞれの事業の関連性が薄い（例えば，建設業と旅館業など，業界が異なり相互に取引関係がなく取引先等も異なる，社内で部門間の人事異動もない，など）

・2つの事業の承継先が異なる

＜例＞

■本業（資産管理業以外）を2つ以上行っている企業

本業① （例：小売業）	本業② （例：サービス業）
親族後継者	第三者（M&A）
社員後継者	第三者（M&A）
親族後継者	社員後継者

■本業と資産管理業を行っている企業

本業 （例：小売業）	資産管理業 （例：不動産賃貸業）
第三者（M&A）	親族後継者
社員後継者	親族後継者

提案の内容

①小売業と不動産賃貸業の分社（会社分割）をしたうえで，小売業の会社をM&Aし，不動産賃貸業の会社は長女に承継する方法が考えられます。小売業を新会社に分社する方法と，不動産賃貸業を新会社に分社する方法があります。

②分社・M&A前に，A社株式を社長から娘に移転（贈与・売買）することが考えられます。

分社をすると3年程度，相続・贈与の株価が高くなることがあります。また，M&Aの株価は，相続・贈与の株価よりも高いことがあります。

分社・M&Aの交渉・実行前の株価の低いうちに長女に株式を移転することで，相続対策を有利に行います。

提案を行う際の留意点

　設例では，小売業の従業員・仕入先・消費者の不安を避けるため，M&A後も買い手企業の子会社として現社名を継続することを希望しています。

　したがって，小売業・不動産賃貸業の2つの事業を，2つの法人に分けることを前提とします（買い手企業への事業譲渡は前提としない）。

　代表的な手法として，2つの手法をご紹介します。

・本業を新会社に分社し，新会社株式を譲渡
・不動産賃貸業を新会社に分社し，本業会社株式を譲渡

●本業を新会社に分社し，新会社株式を譲渡

①　概　要

・本業である小売業を，新会社X社に会社分割（分社型分割）で移転します。
・X社はX商事に社名変更します。
・X商事は，新会社X社の株式を第三者に譲渡します。
・X商事の株式を長女に承継します。

②　課税関係

　小売業の会社分割は，税制非適格会社分割に該当し，X商事（旧X社）は小売業の資産・負債を時価で譲渡したものとされます。資産の含み益や営業権に対して法人税等（実効税率34％）が課税されます。

③　特徴

【小売業の許認可等】

　小売業を新会社に移転する際に，許認可の承継手続きが必要になります。許認可の種類によっては，会社分割による承継が認められておらず新会社にて再取得が必要なものもありますし，新会社で承継も再取得もできないものもあります。

　また，小売業では少ないですが，官公庁などの入札に参加する事業である場合，過去の入札実績が重視されることがあります。この場合，過去の入札実績が新会社に承継されるかどうか（新会社の実績として評価されるかどうか）は確認が必

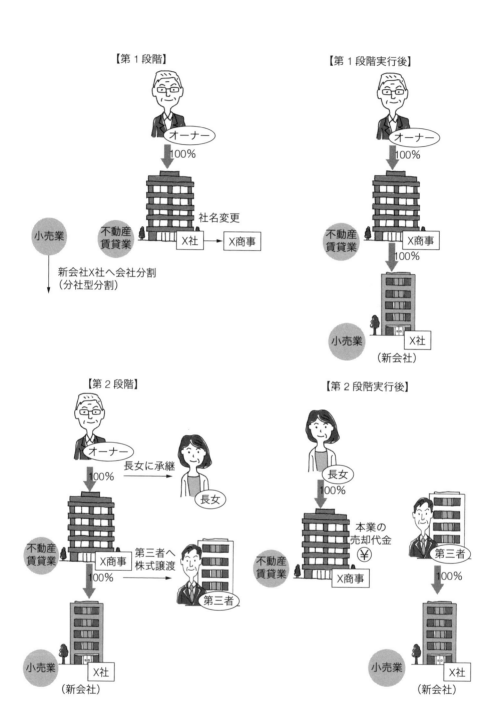

【第1段階】

オーナー

100%

X社 → X商事　社名変更

不動産賃貸業

小売業

新会社X社へ会社分割
（分社型分割）

【第1段階実行後】

オーナー

100%

X商事

不動産賃貸業

100%

X社
（新会社）

小売業

【第2段階】

オーナー

長女に承継

長女

100%

X商事

不動産賃貸業

第三者へ株式譲渡

第三者

100%

X社
（新会社）

小売業

【第2段階実行後】

長女

100%

X商事

不動産賃貸業

本業の売却代金 ¥

第三者

100%

X社
（新会社）

小売業

要です。

【資産・負債・契約の承継】

　小売業の資産・負債・契約は，原則として新会社に包括的に承継されます。この際，相手方の個別の同意は必要ありませんが，実務では新会社の銀行口座番号の通知を行ったり，重要な取引先には個別に説明に行きます。

　また，雇用契約も原則として包括的に承継されますが，労働契約承継法に基づき従業員への説明が必要になります。

【小売業の M&A 代金】

　小売業の株式譲渡代金は，X 商事が受領します。本設例では株主は社長 1 人ですが，社長家以外の株主がいるケースや，株主が多いケースなどは，この手法は不向きなこともあります。株主に一切お金が入らないため株主の理解が得にくく，また，社長家としても資産管理会社に社長家以外の株主や多くの株主が残り続けることを避けたい事情があるからです。

●不動産賃貸業を新会社に分社し，本業会社株式を譲渡

①　概要

・不動産賃貸業を，新会社 X 商事に会社分割（分割型分割）で移転します。

・株主である社長は，本業 X 社の株式を第三者に譲渡します。

・新会社 X 商事の株式を長女に承継します。

②　課税関係

・不動産賃貸業の会社分割は，税制適格会社分割の要件を満たせば，X 社は不動産賃貸業の資産・負債を簿価で譲渡したものとされます。したがって，課税は発生しません。

・また，株主である社長は新会社 X 商事の株式を受取りますが，税制適格会社分割の要件を満たせば，株主にもみなし配当課税は発生しません。

・すなわち，税制適格会社分割に該当する場合，法人税も所得税も発生しません。

・不動産の移転に伴い，登録免許税・不動産取得税が課税されます。

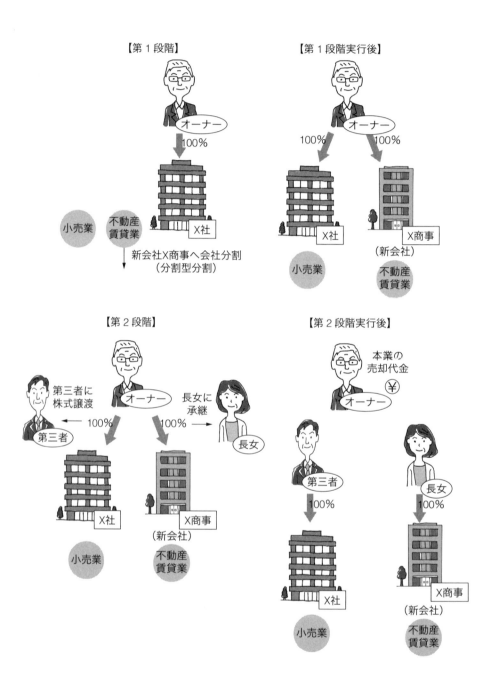

【第1段階】

オーナー

100%

小売業　不動産賃貸業

X社

新会社X商事へ会社分割
（分割型分割）

【第1段階実行後】

オーナー

100%　100%

X社　X商事
（新会社）

小売業　不動産賃貸業

【第2段階】

第三者に株式譲渡　オーナー　長女に承継

第三者　100%　100%　長女

X社　X商事
（新会社）

小売業　不動産賃貸業

【第2段階実行後】

本業の売却代金　¥

オーナー

第三者　長女

100%　100%

X社　X商事
（新会社）

小売業　不動産賃貸業

・株主は，本業 A 社の株式譲渡に対して，株式譲渡所得課税（一律 20.315 %）がされます。

〔税制適格要件〕

　会社分割（分割型）で新会社を設立する場合、主に以下の要件を満たせば、税制適格会社分割とされます。

(1) 分割承継法人の株式以外の資産（例：現金）が交付されないこと

(2) 以下のいずれかの支配要件を満たすこと

　① 会社分割後に、オーナー家による分割承継法人（新会社）の 100 %支配継続が見込まれていること

　② 会社分割後に、オーナー家による分割承継法人（新会社）の 50% 超支配継続が見込まれており、かつ、以下の全ての要件を満たすこと

　　イ．分割事業の主要な資産・負債が分割承継法人に移転すること

　　ロ．分割事業の従業者のうち概ね 80 %以上が分割後に分割承継法人の業務に従事することが見込まれていること

　　ハ．分割事業が分割後に分割承継法人において引き続き行われることが見込まれていること

③ 特　徴

【小売業の許認可，契約の移転がないこと】

　この手法の最大の特徴は，本業である小売業の新会社への移転手続きがなく，現在の法人格（X 社）で本業を継続する点です。

　したがって，手法①で必要だった許認可の承継手続き，全取引先・従業員の契約の承継手続き，通知などが必要ありません。もちろん，M&A により株主・役員が変更になる際には，重要な取引先や従業員への説明は行いますが，事業関係者との手続きや影響が少なく円滑に事業継続しやすい手法です。

【小売業の M&A 代金】

　小売業の株式譲渡代金は，株主である社長（個人）が受領します。

【不動産の登録免許税・不動産取得税等】

　不動産を新会社に移転する際に，登録免許税・不動産取得税が発生します。会社分割にかかる所有権移転登記にかかる登録免許税は，土地は 2.0 %（2021 年 3 月 31 日までは 1.5 %），建物は 2.0 %です。不動産取得税は，原則として土地 3.0 %・家屋 4.0 %ですが，一定の要件を満たせば，非課税です。

●税金の比較

　上記の本業を分社した場合と不動産賃貸業を分社した場合の税金の影響を比較します。

　不動産賃貸業を分社した場合の手法は，税制適格要件を満たすものと仮定します。

	①本業を分社	②不動産賃貸業を分社
法人税	本業の譲渡益（資産の含み益，営業権相当額）に対して約 34 %課税	—
所得税	—	本業 A 社の株式譲渡に対して 20.315 %の課税
イメージ図	A　不動産賃貸業の時価純資産｝課税なし B　本業の簿価純資産｝課税なし C　本業の含み益・営業権｝法人税等 34%課税	A　不動産賃貸業の時価純資産｝課税なし B　本業の簿価純資産｝ C　本業の含み益・営業権｝株式譲渡所得 20%課税

　具体的に数値を入れてみます。

　本業の含み益（資産の含み益と営業権）の割合が大きい場合と小さい場合の 2 ケースをご紹介します。

　個人株主の株式の取得費は 10 百万円とします。

　スキームによって，M&A の営業権評価額は変わらないものとします。

登録免許税・不動産取得税は無視します。

	①本業を分社		②不動産賃貸業を分社	
本業の含み益の割合が大きいケース	A 不動産賃貸業の時価純資産 500 B 本業の簿価純資産 500 C 本業の含み益・営業権 1,000	法人税等 1,000×34% ＝340	A 不動産賃貸業の時価純資産 500 B 本業の簿価純資産 500 C 本業の含み益・営業権 1,000	株式譲渡所得 1,500×(1−5%) ＝1,425 所得税等 1,425×20.315% ＝289 有利
本業の含み益の割合が小さいケース	A 不動産賃貸業の時価純資産 500 B 本業の簿価純資産 500 C 本業の含み益・営業権 100	法人税等 100×34% ＝34 有利	A 不動産賃貸業の時価純資産 500 B 本業の簿価純資産 500 C 本業の含み益・営業権 100	株式譲渡所得 600×(1−5%) ＝570 所得税等 570×20.315% ＝115

※株式譲渡所得の計算は，実際の取得費よりも「譲渡代金×5％」のみなし取得費の方が高いため，みなし取得費を使用しています。

いずれの手法を選択するかは，税金だけでなく，許認可の承継の可否・事業規模・事業関係者への影響・オーナーの考えや資産承継方針等を踏まえて，総合的に検討・判断します。

あえて大雑把に区分すると，以下の通りです。

	①本業の分社が適するケース	②不動産賃貸業の分社が適するケース
(許認可業種) 許認可 ・入札参加資格	許認可の承継・再取得が容易である	許認可の承継・再取得が困難である，又は，入札の過去実績が承継されない
本業の事業規模	小さい	大きい
本業の含み損益 ・営業権評価額	小さい	大きい
M&A売却代金の回収	法人に残したい (今後も法人で資産運用・税金対策を行いたい)	個人に残したい (株主が複数おり全株主にいったん換金機会を与えたい，現金を個人で自由に使いたい，子供たちに現金を分けてあげたい　等)
現法人格に関するオーナーの思い	現法人格はオーナー家で守りたい (先祖から継承された法人を子孫に継承したい)	現法人格で本業を継続したい

●分社で事業承継に備える　〜後継者育成にも有効〜

　事業承継には時間がかかります。組織づくり，後継者育成，後継者の覚悟決め，従業員・取引先の理解の醸成，さらに退職金準備や株式承継資金の準備など。

　ただでさえ難しい事業承継ですが，複数の事業を行っている企業オーナーは更に悩みが多いものです。事業の最適な後継者が1人とは限りませんし，事業承継のベストタイミングが同じ時期とは限りません。

　A事業は1年後に親族後継者に承継，B事業は5年かけて社員後継者に承継，ダメなら第三者に承継（M&A），といった具合に，承継先・承継タイミングを分ける方が良いケースもあります。

　そのような場合は，分社をし，段階的に事業承継（組織作り・後継者育成など）を進めていくことも有用です。また，分社とともに以下のような取組みをすることで，後継者・経営陣の育成につなげることもできます。

　・各事業の独立採算意識を高める（事業部別損益管理から各子会社の独立採算制度へ）。

　・分社を機に，役職の見直し（例：後継者を代表に，部門長を取締役に昇格），職

務権限の見直し（子会社社長以下の権限を拡大），会議体の見直し（子会社独自の経営会議を導入），決算書の公開など，幹部人材育成を積極的に行う。
・分社を機に，各事業の特性に合わせた賃金体系，評価制度への見直しを行う。
・それぞれの事業の後継者の引継ぎ範囲を明確にする。

参考事例

●分社・M&A 前の株式贈与の事例

小売業と不動産賃貸業を営んでおり，小売業は M&A，不動産賃貸業は長女に継ぐことを検討していました。相続税の株価計算上は，小売業の事業規模が大きいため，大会社に該当。内部留保潤沢な一方，競争激化により利益率は低くなっていました。

また，不採算店の閉店で特別損失を計上し，利益・株価が低かったため，分社及び M&A の前に，長女へ株式の相続時精算課税贈与を実行。その後，分社及び M&A を実施しました（小売業の分社スキームを採用）。

M&A 後は，不動産賃貸業の売上・従業員数は少ないため，小会社に該当することとなりました。

また，小売業の M&A では，多額の営業権が評価されて資産管理会社には当初想定以上の現預金が残りました。M&A 後は，株価は贈与時の 5 倍以上に。

分社及び M&A 前に，長女への相続時精算課税贈与を決断・実行したことがプラスとなりました。

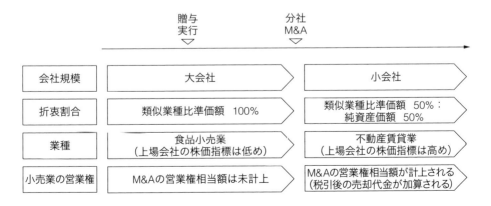

●外部株主が多いため，全株式を売却，オーナー家が不動産のみ買い受けた事例

　小売業と不動産賃貸業を営んでおり，小売業は M&A，不動産賃貸業は長女に継ぐことを検討していました。株主構成は，社長60％，元役員株主や遠い親戚株主20名ほどで40％でした。元役員株主や遠い親戚株主のうち会社経営に関与しているものはいませんでした。

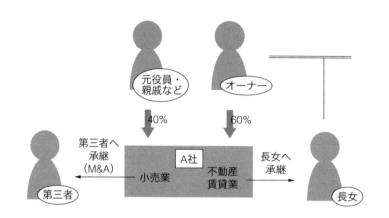

　先ほどの①本業を分社，あるいは②不動産賃貸業を分社するスキームを検討した結果，以下の状態となることが予想されました。

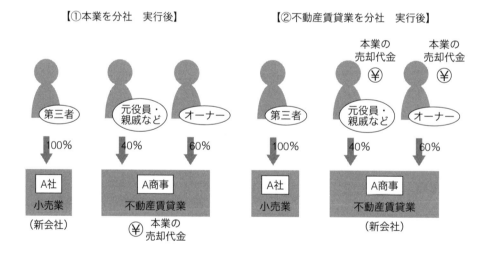

いずれのスキームも，元役員等の20名の株主にとっては十分な換金がなされないため一部株主の反対が予想されました。また，社長にとっても長女が継ぐ資産管理会社A商事に，元役員等の株主が残り続けることは望ましくありません。

　検討の結果，社長100％出資の資産管理会社を設立し不動産賃貸業を譲受けました。そして，小売業のみとなったA社株式を全部売却してM&Aを行いました。社長家にとっては，小売業のM&A資金は残らず，キャッシュフローはむしろマイナスとなりました。

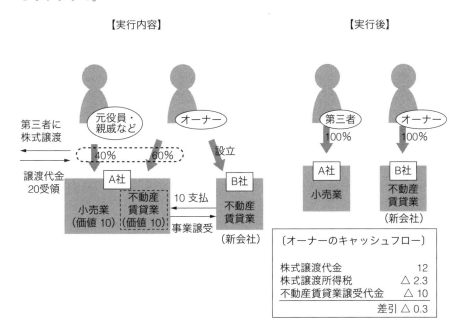

　このように，分散株主や経営に関与していない株主が多い場合，事業承継・M&Aの制約になることがあります。また，オーナー家にとって，想定外の資金負担が必要になることもあります。

　分散株式については，早い段階で，事業承継の方向性・可能性を見定めたうえで，検討・対処することが肝要です。

借入をしても相続税の節税にはならない

不動産購入を検討している顧客に「相続税対策のためには借入が有効」と説明をする銀行の方がいるが，これは必ずしも正しい説明ではない。借入ではなく，自己資金で不動産を購入しても原則として相続税対策の効果は同じである。その点を顧問税理士から指摘を受け，顧客の不信感につながることもある。

相続税の節税となる理由は，借入という行為ではなく，不動産を購入したことによる。不動産の相続税評価額は，一般的に実際の売買金額（時価）より低く評価される（下記図参照）。

したがって，借入ではなく，自己資金で不動産購入しても効果は同じとなる。

【不動産を購入した場合の相続評価の考え方】

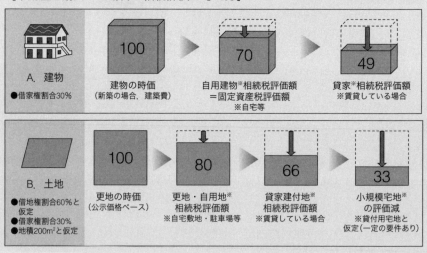

A．建物
●借家権割合30%

建物の時価
（新築の場合，建築費）
100

自用建物※相続税評価額
＝固定資産税評価額
※自宅等
70

貸家※相続税評価額
※賃貸している場合
49

B．土地
●借地権割合60%と仮定
●借家権割合30%
●地積200m²と仮定

更地の時価
（公示価格ベース）
100

更地・自用地※
相続税評価額
※自宅敷地・駐車場等
80

貸家建付地※
相続税評価額
※賃貸している場合
66

小規模宅地※
の評価減
※貸付用宅地と
仮定（一定の要件あり）
33

不動産購入にあたり借入をするメリットは「相続税対策」ではなく，「納税資金対策」や「遺産分割対策」にある。

上記の通り，借入をしても自己資金を使っても，「税金対策」としての効果は同じ※である。ただ，借入をすることにより取り崩しをしないで済む自己資金は相続税の納税資金に充当することができる。また，相続人が複数いる場合は，遺産分割資金として使うことができる。

※　例外的に多額の借入によりタワーマンション等の時価と相続税評価に著しい乖離がある不動産を購入することにより，相続税の納税がゼロとなることはある。ただし，否認事例もあり，注意が必要である（コラム「金融機関主導の相続税対策が否認された事例」も参照）。

どうする？
どう考える？

金融機関主導の相続税対策が否認された事例

相続税対策として行われた，銀行主導による不動産投資が否認された事例がある。

【否認内容】（2022 年 4 月最高裁判所判決にて確定）

　相続時の不動産評価に関して，相続の際に通常用いられる評価方法※は不適当で，鑑定評価を用いることが妥当とされた。なお，否認された財産圧縮額は以下の通り。

　　不動産購入額：約 13.9 億円（①）

　　相続税評価額：約 3.3 億円（②※）

　　財産圧縮額　：約 10.6 億円（①-②）

※　土地は路線価，建物は固定資産税評価額を基に計算し，いずれも取引時価より低い金額となることが一般的である。

（概要）

2008 年 5 月	銀行に相談（稟議書に「相続税対策のためローンを実行し不動産を購入」と記載）
2009 年 1 月	銀行借入等により投資用不動産 A 購入
2009 年 12 月	銀行借入等により投資用不動産 B 購入
2012 年 6 月	相続発生（被相続人の年齢は 94 歳）
2013 年 3 月	不動産 B 売却
2013 年 4 月	相続税の申告期限（納税無し）

　相続税対策として，不動産投資を行うことは合法だが，それが行き過ぎた内容である場合は，「特別の事情がある」ものとして否認対象となりえる。本件は下記の点から総合的に判断されている。

- ・金額
- ・時期（年齢，相続直前の行為）
- ・目的

　3 点目の「目的」に関しては，銀行稟議書に相続税対策と記載されていることに触れられている。

　稟議書への記載のみをもって否認されるわけではないものの，節税色の強い相続直前の極端な対策は税務署との摩擦を起こす可能性がある。相続税の税務調査は相続後であることから，税務署と対応するのは家族となる。否認された場合はもちろん，納税者の主張が認められたとしても，税務署とのやり取りには相当負担がかかる。将来の税務調査まで見据えた慎重な提案が求められる。

事例 2-4 親族である後継者の経営権確保と，事業戦略としての M&A を両立させたい

　A 社は，卸売業を営んでいます。県内の同業ではトップ企業です。創業者の長男が後継者として入社し，昨年社長に就任しました。経営を頑張っており，業績は堅調です。

　A 社の属する業界は，仕入先及び取引先に対する交渉力，効率向上のための販売管理・在庫管理システムへの投資，顧客ニーズに対応した新サービスの開発など，多くの点でスケールメリットが必要な業界であり，大手企業と中堅企業・各地の地場企業との間で合従連衡のための M&A（100％株式譲渡や一部株式譲渡による資本・業務提携など）が急速に進んでいます。

　そんな中で，A 社会長は創業来親しくしてきた同業の上場 X ホールディングスから M&A のオファーを受けました。

　変化する業界環境に対応して永く勝ち残っていくために M&A は前向きに考えたい，しかし後継者である社長にも頑張ってほしい。A 社会長から「何か良い M&A の方法はないか？」と相談を受けました。

提案の内容

　株式交換によるM&Aが考えられます。A社の株式を100％渡す代わりに，上場Xホールディングスの株式を受け取る方法です。

　これによって，A社はXホールディングスの100％子会社となり，A社株主である会長・社長はXホールディングスの株主になります。A社はXグループの特定エリアを担う子会社として継続，後継者はA社社長として継続しXグループの事業拡大に貢献するとともに，A社オーナー家はXホールディングスの株主としてXグループの業績成長・株価向上に期待します。

　中小企業の後継者不在型のM&Aでは，売り手オーナーはM&Aの対価として現金を受領するケースが大半です。

　本設例のように，後継者が存在しまだ若くて事業意欲もある，しかし，M&Aで

スケールメリットを得たい又は買い手との相乗効果を実現したい，というような場合には，M&A の対価として買い手の株式を受領するケースもあります。

提案を行う際の留意点

●株式交換とは

　買い手が，売り手の株主から全株式を取得して 100 ％子会社化し，その取得の対価として買い手の株式その他の資産を売り手の株主に対して交付する行為をいいます。

　対価として買い手の株式以外に金銭等を交付することも可能ですが，一般的には株式交換の手続きでは買い手の株式のみを交付する事例が多いと思われます。

　ただし，現金を受領する株式譲渡と株式交換の併用により，一部を現金対価，一部を株式対価とすることは可能です。

　本設例の場合，以下のとおりです。

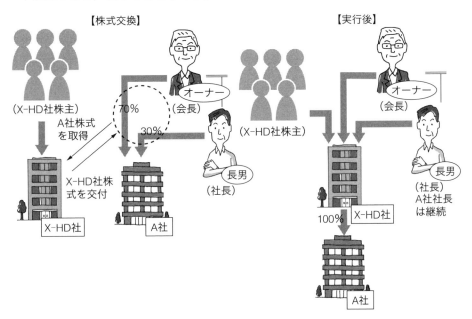

・X ホールディングスは，A 社株主から A 社株式の全てを取得します。

・X ホールディングスは，対価として，A 社株主に X ホールディングスの株式を交付します。

・A 社は X ホールディングスの 100％子会社になります。

・A 社株主は，X ホールディングスの株主になります。

●株式交換による M&A のメリット及び留意点

株式交換による M&A のメリット及び留意点は以下のとおりです。

	メリット	留意点
売り手	①売り手株主は，買い手の株主になり一定の議決権を保有する。 ②売り手株主は，買い手の株主として，買い手の連結業績成長・株価向上に期待できる。 ③株式交換後，売り手オーナー経営者が売り手の代表等で継続するケースが多い。 ④株式対価のみの場合，売り手株主の株式譲渡損益課税は繰り延べられる。	①売り手株主は，買い手株式を取得・保有するため，買い手の株価下落リスクを負う。 ②株式交換後は必ず 100％子会社となる。（例えば，51％子会社にはなれない。） ③現金対価の M&A に比べて，買い手候補が限られる。
買い手	①売り手オーナー経営者に M&A 後も売り手の経営・業績成長にコミットしてもらえる。 ② M&A の投資資金を抑制できる。	①買い手の発行済株式数が増加するため，買い手の 1 株当たり当期純利益等が希薄化する。 ②買い手オーナー家の議決権比率が低下する。 ③原則として，買い手の株主総会の特別決議が必要である。 ④現金対価の株式譲渡に比して，詳細な適時開示が求められる。 当該 M&A の合理性についての説明責任が一層意識される。

●実際の利用

株式交換は，上場会社の買い手も未上場会社の買い手も利用可能な M&A 手法です。

しかし，現実には未上場会社の買い手が M&A で株式交換を利用するケースは少

ないと思われます。株式交換 M&A 後に，将来買い手と売り手とで経営方針が対立しケンカ別れした場合，買い手にとってはケンカ別れした売り手に自社株式を持たれることになります。また，売り手にとっても，買い手株式は未上場株式，かつ，少数株式であり，自由に売却・換金できません。双方にとってリスクがある手法です。

　実際に M&A でこの手法を用いる買い手は，ほぼ上場会社に限られると考える方が良いでしょう。

　また，上場会社であっても，特に以下の点がネックとなり，株式交換という手法を好まない買い手もいます。

・買い手の発行済株式数が増加し，1 株当たり利益が下がる（希薄化）。

・買い手の発行済株式数が増加し，買い手オーナー家の議決権比率が低下する。

●株式交換の課税関係

① 概　要

・税制適格株式交換の要件を満たさない場合（税制非適格株式交換の場合），A 社の固定資産・土地・有価証券・金銭債権・繰延資産は時価評価をし，評価損益に対して法人税等が課税されます。

・また，株式交換の対価として X ホールディングス株式以外の資産（例えば現金）が交付された場合，A 社株主は A 社株式の譲渡損益に対して課税されます。

・税制適格株式交換の要件を満たす場合，A 社の時価評価課税はなく，A 社株主の譲渡損益課税もありません。

・X ホールディングス及び X ホールディングスの株主には，課税はありません。

② 税制適格要件

　対価として買い手株式以外の資産（例：現金）が交付されない株式交換で，次のいずれかの要件に該当する場合，税制適格株式交換となります。M&A の場合，株式交換の前には，買い手と売り手との間に 50 ％超のグループ関係はないことが多いため，(3) の要件が主になります。

(1) 100％企業グループ内での株式交換

(2) 50％超企業グループ内での株式交換

(3) 共同事業を営むための株式交換

　完全親会社（買い手）と完全子会社（売り手）が共同で事業を行うための株式交換として，以下の全ての要件に該当するもの

　① 完全子会社の主要事業と完全親会社のいずれかの事業が相互に関連するものであること

　② 完全子会社の主要事業と完全親会社の関連事業の売上又は従業者数等の規模の割合がおおむね五倍を超えないこと又は完全子会社の特定役員の全てが株式交換に伴って退任をするものでないこと

　③ 完全子会社の従業者の総数のうち，概ね80％以上の者が完全子会社の主要業務に引き続き従事することが見込まれていること

　④ 完全子会社の主要事業が株式交換後も引き続き営まれていること

　⑤ 株式交換後に，完全親会社と完全子会社の100％支配関係の継続が見込まれていること

　⑥ 株式交換前の完全子会社の支配株主（いわゆる売手オーナー家）に交付される完全親会社の株式の全部が当該支配株主により継続して保有されることが見込まれていること

　※ 売手に，50％超を支配するオーナー家がいない場合は，⑥の要件充足は不要です。

参考事例

●親世代分は株式譲渡（現金対価），後継者世代分は株式交換の事例

　売り手は70代の会長が70％，40代の社長（長男）が30％を保有していました。株式交換によるM&Aを決断。

　売り手会長は，自分の分は現金にし，後継者の分は株式にしたいと希望しました。70代会長としてはセカンドライフの余裕資金を確保したい一方，40代の後継者に

多額の現金を持たせると危機感が薄れてしまうと考えたこと，また，後継者を買い手の株主とすることで後継者と買い手との信頼関係構築がしやすいと考えたためでした。

　買い手も，会長より将来の経営を担う後継者社長に株主になってほしいこと，また，全株式を株式交換するよりも 30 ％分のみ株式交換する方が交付株式数・希薄化の影響を抑えられるため，望ましいということでした。

　両社の利害が一致し，会長分の 70 ％は株式譲渡（現金対価）し，社長分の 30 ％は株式交換を行いました。

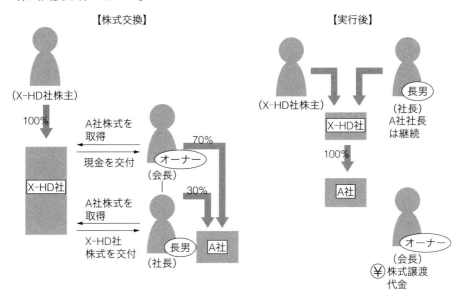

オーナー経営者とは親族関係にない後継者となる役員が, 株式の引受けを金銭面で負担に感じている

　X社ではオーナーとは親族関係にない取締役甲が事業を承継する予定です。甲は今期（X01年3月期）に専務取締役となり, 経営承継の準備を進めています。

　オーナーの退任は来期（X02年3月期）を予定しており, 退任とあわせて役員退職金を支給する予定でいますが, 株式の承継方法の結論がでていません。

（現状）

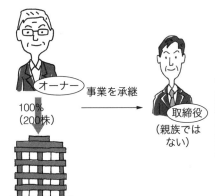

オーナー　事業を承継　取締役（親族ではない）

100%（200株）

X社

【X02年3月期のX社の株価見込額（退職金支給後）】

評価額	単価（1株）	総額（200株）
原則評価額	150,000円	3,000万円
特例評価額※	25,000円	500万円

※配当還元価額

（事業承継のコスト）

　事業承継に関するコストのうち, 株式（株価：3,000万円）の引き受けについて後継者が負担を感じています。

【事業承継にあたってのコスト】

内容	金額	備考
退職金	7,000万円	銀行から資金の一部を借入
株価（退職金支給後）	3,000万円	原則評価額

事業承継にあたり後継者が負担を感じている

後継者である甲はオーナーへの退職金支払いのための会社借入には理解を示してい

ますが，株式を買い取るために個人で借入をすることについては抵抗があります。

　オーナーとしては，会社からの退職金 7,000 万円の支給は希望する一方で，株価 3,000 万円の株式については甲に負担がかからないよう無償での譲り渡し（贈与）を提案しましたが，その場合にも，贈与税負担が 1,000 万円を超える見込みのため，甲が決断できません。

【株式（株価 3,000 万円）の承継方法別の後継者負担】

内容		負担額
株式を買い取る	又は	3,000 万円の資金が必要
株式の贈与を受ける		贈与税負担額 1,195 万円

　この場合，どのような提案ができるでしょうか？

他にもこんな顧客に提案できる

・親族ではない後継者が社内にいる会社
・自らの退職金以外の対価（株式譲渡価額）にはそれほどこだわらない会社オーナー

提案の内容

●株式の承継方法の工夫～段階的な株式承継～

　段階的に株式を承継することで，一定割合の株式については通常の価額（原則評価）より低い特例評価額（配当還元価額）により後継者に株式を承継することができます。

　なお，今回は，オーナーが株式を無償により譲り渡す意向を持っており，贈与により承継するものとしますが，売買により承継する場合の価額も考え方は同じです。

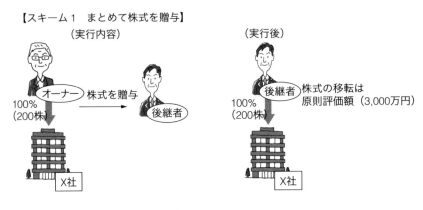

【スキーム1　まとめて株式を贈与】

（実行内容）

100%（200株）
オーナー 株式を贈与 後継者
X社

（実行後）

100%（200株）
後継者 株式の移転は原則評価額（3,000万円）
X社

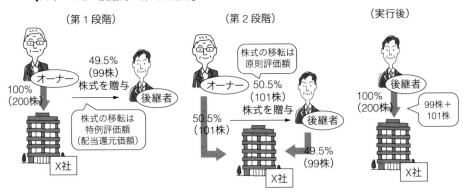

【スキーム2　段階的に株式を贈与】

（第1段階）

100%（200株）
オーナー 49.5%（99株）株式を贈与 後継者
株式の移転は特例評価額（配当還元価額）
X社

（第2段階）

株式の移転は原則評価額
50.5%（101株）
オーナー 50.5%（101株）株式を贈与 後継者
49.5%（99株）
X社

（実行後）

後継者
100%（200株）
99株＋101株
X社

　スキーム2の第1段階における株式保有割合の場合，贈与後も，オーナーと比べて後継者は会社への影響力が相対的に低いことから，特例評価額（配当還元価額）を用いることができます。

　次の第2段階では原則評価額により移転することになりますが，2回あわせての贈与額は，スキーム1でまとめて贈与を受ける額より低くなります。

【贈与額の比較】

移転方法	1回目の贈与額	2回目の贈与額	贈与額合計
スキーム1（まとめて贈与）	3,000万円	—	3,000万円
スキーム2（段階的に贈与）	247.5万円[※1]	1,515万円[※2]	1,762.5万円

※1　2.5万円×99株　　※2　15万円×101株

また，第2段階での株式移転も工夫することで，さらに贈与税の負担を抑えられます。

●株式の承継方法の工夫〜第2段階の株式の承継を複数年に分ける〜

　「スキーム2」同様，第2段階で株式を移転する場合には原則評価額を使用します。

　ただし，贈与税は暦年（1月1日〜12月31日）を基準として税金計算をします。贈与額が大きいほど税負担が重くなる累進税率という特徴があること，また，毎年110万円の非課税枠が使用できるため，贈与の年数を複数年（今回の事例では2年）に分けて実行することにより，合計での「贈与額」は同じでも，「贈与税額」は少なくなります。

【スキーム3　第2段階での株式の移転をさらに2回（2年）に分けて実行する場合】

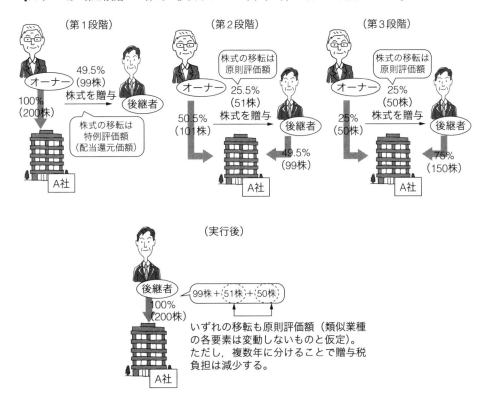

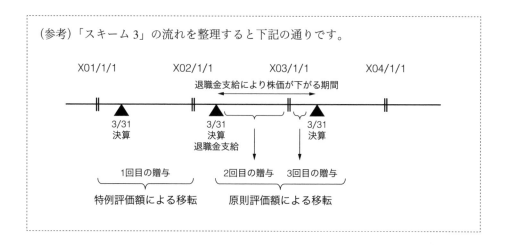

（参考）「スキーム3」の流れを整理すると下記の通りです。

●後継者の負担

「スキーム3」（上記の3回に分けた株式の承継）を実行した場合の後継者の負担は下記の通りです。

【「スキーム3」により実行した場合の後継者甲の負担】

内容	負担額	備考
第1段階での負担		
1回目の贈与	13.75万円	配当還元価額 247.5万円（2.5万円×99株）に対する贈与税負担額
第2段階での負担		
2回目の贈与	137万円	原則評価額 765万円（15万円×51株）に対する贈与税負担額
3回目の贈与	131万円	原則評価額 750万円（15万円※×50株）に対する贈与税負担額
合計	281.75万円	後継者の負担額合計

※類似業種の各要素は変わらないものと仮定

【参考：他の贈与案との税負担額の比較】
●スキーム1（まとめて贈与した場合）の贈与税額
　1,195万円

●スキーム2の贈与税額

471万円

金融機関として求められるサポート内容

・退職金支給に伴う融資
・利益対策としての保険やオペレーティングの提案

提案を行う際の留意点

●顧客におけるニーズ

苦労を重ね会社経営を続けてきた会社オーナーにとり,創業利益を得ることは大切です。一方,後継者は,会社経営に関する債務保証のほか,オーナーへの退職金支払い,株式の買い取りの資金の準備等に負担を感じることもあり,事業承継が進まない要因の一つになることもあります。

比較的企業規模が小さい会社では,会社の承継を重視し,退職金は別にしても,株式の対価についてはそれほどこだわらないという会社オーナーもいます。そうした場合には,今回のような提案が有効です。

●税務上のポイント

株価については大きく分けて,原則評価額と特例評価額の2種類あります。

一般的には,評価額は原則評価額>特例評価額となります。

それぞれの評価額の特徴は下記の通りです。

評価方法	使用する主な場面
原則評価	親族内で株式を移転する場合等
特例評価	オーナーとは親族関係にない少数株主への株式の移転等

実務上大切なのは株式を移転する割合です。

今回のような 49 ％の移転であれば常に特例評価を用いるということではなく，オーナーの株式保有割合との「相対的な関係」により，取り扱いが異なります。

【特例評価を用いることができないケース】

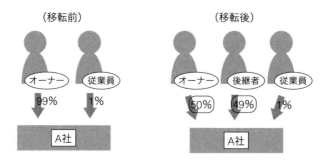

承継後の後継者の保有割合は，今回の事例と同じく 49 ％ですが，承継後のオーナーと後継者の株式保有割合がいずれも 30 ％以上 50 ％以下のため，特例評価額を使用できません。

【特例評価を用いることができるケース】

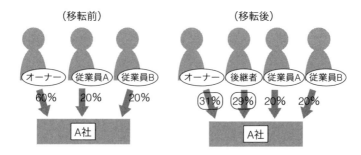

移転後のオーナーの株式保有割合が 30 ％以上であり，かつ，後継者の割合が30 ％未満のため，特例評価額を使用できます。

【参考：原則評価額と特例評価額を用いる場合の判定】

　原則評価，特例評価のいずれを用いるかは，下記の流れで判定します（下記フローチャートにおいて，一部例外的な取り扱いをする場合もあります）。下記株式の割合は，贈与や相続による株式の移転後の数字で判定します。

【ケース1：同族株主（筆頭株主の議決権割合が30％以上）がいる場合】

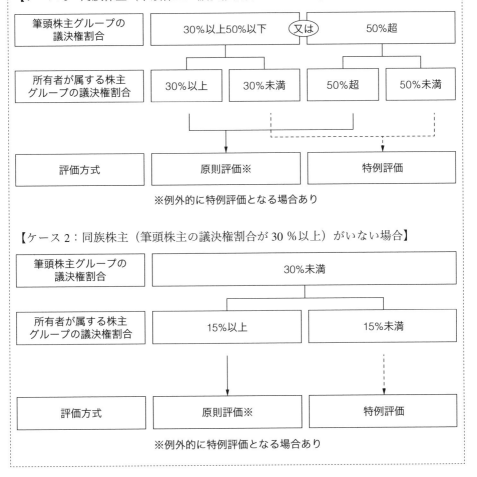

※例外的に特例評価となる場合あり

【ケース2：同族株主（筆頭株主の議決権割合が30％以上）がいない場合】

※例外的に特例評価となる場合あり

●税務上の留意点

　今回の事例のように，段階的に株式を承継し，移転する株式の一部について特例評価額（配当還元価額）を用いることができれば，株式移転に伴う後継者の負担を

抑えることができます。

　ただし，第1段階と第2段階の間の期間が短いケース，例えば極端な例ですが，第1段階の実行日の翌日に第2段階の移転が行われているような場合は，一連の取引とみなされ，第1段階の取引額が原則評価額と指摘される恐れがあります。

　経営権についても後継者に段階的に譲り，それにあわせて株式を計画的に複数年に分けて移転する取り組みが理想です。

参考事例

●成功事例

① 後継者以外の役員も含めて株式を承継した事例

　親族外の後継者への事業承継を考えている B 社。

　経営権は後継者に移行しつつありましたが，株価が高く株式の承継が進んでいないところに証券会社担当者が段階的な株式承継案を提示し，事業承継に関する打ち合わせが始まります。オーナーは退職金については会社規定通りの支給を望んでいましたが，株式については贈与による承継に理解を示しました。

　後継者としては，自身の所有割合は会社法の特別決議ができる3分の2を確保し，残りの株式については他の役員に保有させたい意向を持っており，原則評価による譲受株数は全体の19％に抑えられました。

　また，原則評価額による19％相当の株式承継にあたり，株価を下げてから実行したいという希望があり，利益対策として，オペレーティングリースを活用しました。

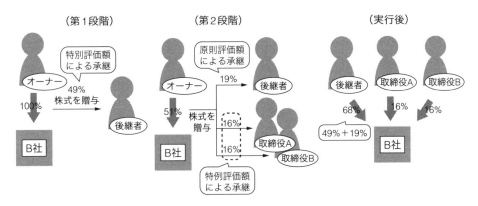

（第1段階）　　　　　　（第2段階）　　　　　　　（実行後）

②　段階的な売買により株式を承継した事例

　C社は，親族外の後継者への事業承継を考えていました。オーナーは，後継者に会社経営者としての自覚を持たせたいとの意向を持っており，売買による承継を希望。ただし，売買金額は少なくなっても良いとの発言がありました。

　オーナーのニーズを聞いた銀行担当者は，段階的な株式の承継を提案。

　後継者としては株式の買い取り負担はあるものの，段階的に株式の承継をすることにより，税法の評価額が変わり，当初考えていたより低い金額で譲り受けられることに安心しました。株式承継の話が前に進んだことから，銀行で株式買い取り資金を融資することができました。

どうする？
どう考える？

金融機関主導の事業承継

　顧問税理士の立場として難しいと考える業務の一つが相続事業承継の提案。

　あくまでも私見ではあるが，"会社オーナーから相談を受け"，相続・事業承継のアドバイスや実行のお手伝いをすることがあっても，数年〜10年先を見据え，"税理士自ら"会社オーナーに相続・事業承継の意思決定を促すような取

り組みをしているケースは少ないと感じる。

　理由の一つとして考えられるのが，税理士のビジネスモデル。

　複数の顧問先の経営相談や税務相談のほか，試算表の内容を毎月確認，申告書を作成する業務に追われ，税務リスクが高く時間もかかる相続・事業承継の提案に踏み込める余裕がない。提案をしても，関与先からは所定の顧問報酬内で対応を求められる場合もあり，インセンティブが働きづらいということもある。

　別の理由として考えられるのが会社オーナーとの距離感。

　会社オーナーの事業承継の意思が明確で，後継者ともしっかり意思疎通ができている場合もあるが，会社オーナーと後継者の板挟みになるケースも珍しくない（長年の関与で，会社オーナー，後継者いずれとも関係ができているがゆえに，主導的に事業承継を進めることが難しい）。

　また，後継者以外に，会社オーナーの配偶者や家族が会社に関与している場合，関係者の顔をよく知っているだけに，必ずしも各者が平等になるとはいえない相続の話はしづらい。

　そうした場合，金融機関に第三者的な立場で，会社オーナーの背中を押す重要な役割があるように思える。

　ただ，金融機関が提案をした内容について，顧問税理士が難色を示して，実行に至らないというケースもある。この点については，別コラム（顧問税理士の反応）でも述べているように，それぞれの役割分担で，顧客の課題解決が進むことが望ましい。

CHAPTER 3

株主政策

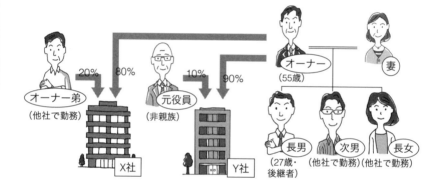

事例 3-1　会社がグループ経営を行っている

　X社とY社は，関連する事業を行っており，同じ本社ビルでグループ一体経営を行っています。

　後継者候補として長男が入社し頑張っていますが，社長もまだ若く，後継者も経験途上のため，社長交代及び事業承継は10年程度先を考えています。

　この場合，どのような提案があるでしょうか？

他にもこんな顧客に提案できる

　会社が2社以上ある企業グループの株主構成は，以下の3つに大別されます。

① 中核企業が他の会社の株式を所有しているタイプ（親子会社の関係）

② オーナー社長個人が各会社の株式を所有しているタイプ（兄弟会社の関係）

③ 上記①・②の混在型

　上記②又は③のタイプには，資本関係の整理，将来の株式分散リスクを防止しておきたいというニーズがあります。

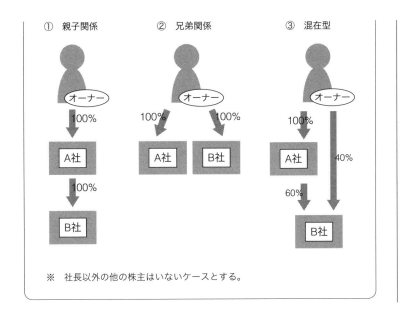

① 親子関係　　② 兄弟関係　　③ 混在型

※　社長以外の他の株主はいないケースとする。

提案の内容

●株式交換によるＸ社・Ｙ社の100％親子関係の構築

　株式交換という制度により，Ｘ社・Ｙ社を100％親子関係にし，それぞれの株式が別々の株主に分散しないようにします。

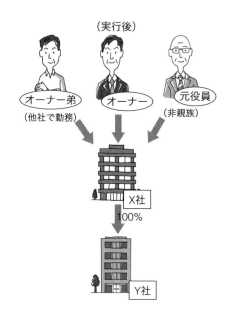

（実行後）

オーナー弟 （他社で勤務）　オーナー　元役員 （非親族）

X社
100%
Y社

●社長所有のY社株式のX社への譲渡

　社長所有のY社株式をX社に譲渡する手法もあります。

　社長にY社株式の譲渡代金（現金）が入り，将来の生活資金・子供たちへの財産分割・納税資金に活用することができます。

　Y社株式の譲渡には，株式譲渡所得課税（一律20.315％）がなされます。

●弟及び元役員の所有株式の買取り

　X社・Y社の資本関係の整理を機に，弟が所有するX社株式，元役員が所有するY社株式を，X社・Y社又は社長個人が買い取ることも考えられます。

　長期的に，後継者世代の安定経営のために，社長家に株式を集約します。

提案を行う際の留意点

●グループ資本関係整理の必要性

　個人株主にはいつか必ず「相続」が起き，その所有株式は相続人が相続します。

　本事例でも，事業承継対策（後継者への贈与や遺言の作成など）の前に，社長が不慮の事故で亡くなった場合，保有するX社・Y社株式の相続は遺産分割協議で決めることになります。後継者である長男が，X社・Y社の株式を相続できれば良いのですが，そうとは限りません。X社・Y社株式が他の相続人に分散してしまうリスクもあります。

　本提案のようにY社をX社の100％子会社とすることで，少なくともY社の株式がX社以外に分散せず，X社Y社の100％親子関係は将来にわたって継続できるようになります。そのうえで，X社株式の承継対策について検討し，後継者に承継をしていくことになります。

　社長は，グループ資本関係の整理を機に，後継者への事業承継の対策・計画の検討をより意識することにもなります。後継者である長男の事業承継への意識も高まります。

　また，社長・後継者ともに，X社だけでなくY社の事業・経営についても，引継ぎの重要性を認識するきっかけにもなります。グループ会社の事業承継において，親会社の事業は後継者に引き継ぎをしているが，子会社の事業はほとんど引継ぎをしていないということは，ありがちなことです。特に，本業と異なる事業を行っている子会社，規模・収益の重要性が低い子会社，外部から買収した子会社，遠方にある子会社，出資比率が低いグループ会社などに，そのような傾向があります。

●グループ資本関係整理の手法

① 株式交換

【概　要】

　株式交換とは，会社が，他の会社の株主から株式を取得して100％子会社化し，その取得の対価として自己の株式等を当該他の会社の株主に対して交付する行為をいいます。通常は，対価として自己の株式等を交付し，金銭は交付しませんので，決済資金は要りません。また，多くは次の「税制適格株式交換」に該当するため，実行時点で税金も発生しません。

　決済資金も税金も発生させず，株主構成・資本関係を変更する手法であることがポイントです。

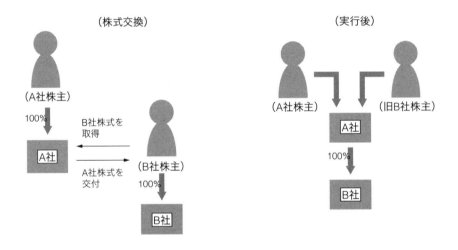

【課税関係】

　下記の要件を満たす株式交換は「税制適格株式交換」とされ，X社・Y社ともに法人税は課税されません。また，Y社株主も，対価としてX社株式のみの交付を受ける場合は，株式譲渡損益の課税はありません。

　グループ会社の資本関係の整理では大半が（1）又は（2）の要件を充足し「税制適格株式交換」となるため，株式交換の実行時点ではX社・X社株主・Y社・Y社株主のいずれにも課税は発生しません。

（1）100％企業グループ内での株式交換

　株式交換直前に，完全親会社と完全子会社が同一の者によって発行済株式総数の100％を所有されている企業グループ内の株式交換で，株式交換後もその関係が継続することが見込まれること

（2）50％超企業グループ内での株式交換

　株式交換直前に，完全親会社と完全子会社の持分関係が50％超100％未満である企業グループ内の株式交換で，株式交換後もその関係が継続することが見込まれ，かつ，次の全ての要件を満たすこと

　①　完全子会社の株式交換直前に営む主要事業が株式交換後も引き続き営まれていること

　②　株式交換直前の完全子会社の従業者の総数のうち，概ね80％以上の者が完全子会社の主要業務に引き続き従事することが見込まれていること

（3）共同事業を営むための株式交換

　完全親会社と完全子会社の主要な事業が相互に関連するなど一定の要件を満たすこと

② 　社長所有のY社株式のX社への譲渡

　①の株式交換によらず，社長所有のY社株式をX社に譲渡し，譲渡代金を受領する方法もあります。

　社長にとっては，Y社株式を換金し，個人の預貯金を増やす資金対策です。将来の生活資金・子供たちへの財産分割・納税資金に活用することができます。

　Y社株式の譲渡には，株式譲渡所得課税（一律20.315％）がなされますが，オーナー社長個人にかかる所得税の中では，税負担の低い所得と言えます。社会保険料の負担もありません。

③ 　弟及び元役員の所有株式の買取り

　X社・Y社の資本関係の整理を機に，退任済みの弟が所有するX社株式，元役員

が所有する Y 社株式を，X 社・Y 社又は社長個人が買い取ることも考えられます。

●社長の中核企業に対する議決権比率アップになった事例

　過去の相続，資本政策の結果，社長は中核企業 A 社の議決権を 60 ％保有していました。他方，社長はグループ企業 B 社の議決権を 100 ％保有していました。

　将来の株式分散防止やグループ経営強化のために株式交換を行った結果，社長のA 社の議決権比率は 70 ％となり，株主総会で特別決議を可決できる 3 分の 2 を確保することができました。本件では，後継者候補である長男への事業承継を予定していましたが，社長は中核企業 A 社の議決権が 3 分の 2 未満であることを懸念していました。株式交換の結果，3 分の 2 を確保することができました。

　A 社・B 社の適正な株価をもとにした株式交換比率によること，A 社の株主総会の特別決議を得ることが前提ですが，グループ企業の資本関係整理により，中核企業の議決権比率アップにつながることもあります。

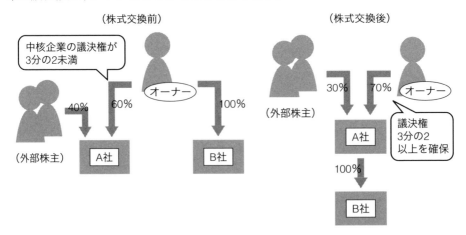

●高齢の親から利益低迷・無配当の会社を取得した事例

　本業 A 社は社長が経営しており，業績は順調です。

　B 社はかつては儲かっていましたが斜陽産業となり，現在は事業はなく資産管理

をしています。過去の利益の蓄積により，内部留保・遊休資産はありますが，資産の有効活用ができていないため，利益はほとんど出ず，長らく無配となっています。

B社の株主は90歳の母親でした。

A社は株式交換により，母親からB社株式を取得し子会社化しました。買取りの資金負担が大きいこと，母親に株式譲渡所得が発生することから，株式買取りによらず株式交換によることとしました。

A社は，B社の資産の有効活用に取り組み収益を上げるようになりました。他方で，母親はB社株式の代わりにA社株式を取得。A社から毎年配当をもらえるようになりました。

母親の所有するA社株式の評価は，従前のB社株式の評価よりも低くなり，結果として相続財産が減少することとなりました（A社は株式保有特定会社には該当しませんでした）。

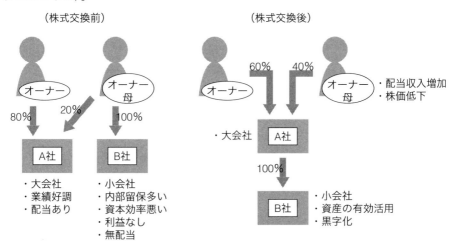

本事例のように，組織再編を行った結果，株価が下がることがあります。

ただし，株価引き下げのみを目的とした組織再編及び当該組織再編実行直後の株式の移転は，課税当局との摩擦を生む可能性があります。

中には，株価対策のみを目的とした組織再編を提案している金融機関作成資料を見かけることもあります。そうした提案資料には，一般的に「税務リスクは顧問税

理士に確認」というリスクヘッジ文言が織り込まれていますが，実際に税務調査でトラブルになると，金融機関にとっての法的な責任は免れても，本質である顧客との関係は悪化します。

極端な対策とならないよう，慎重に提案する必要があります。

●上記の提案が不向きな事例

本提案が不向きなケースもあります。主なケースをご紹介します。

① A社・B社の事業が異業種で各社独自に経営しており，かつ，後継者が決まっていないケース

両社の後継者がおらず将来は両社とも M&A を考えているような場合です。2 社それぞれを最適な相手先に譲渡できるように，資本関係は分けておく方がよいケースもあります。

また，A 社には後継者がいるが B 社には後継者がおらず，B 社は将来 M&A を考えている場合も同様です。

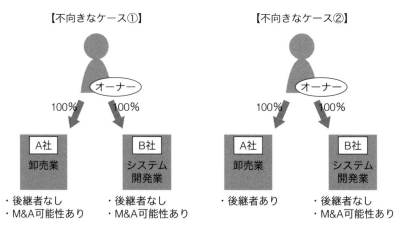

② B 社の株主が A 社の株主になることが好ましくないケース

株式交換では，A 社は B 社の全ての株式を取得する必要があります。そして，B社の全ての株主に，一定の比率で，A 社の株式を交付する必要があります。したがって，基本的には，B 社の全ての株主が A 社の株主になります（株式交換の比率

により端株を発生させる等のいわゆるスクイーズアウトを行わないという前提です）。

　例えば，B社の外部株主がXとします。

・XにB社の決算内容は開示できるが，A社の決算内容は開示したくない。

・XがB社株主であることは問題ないが，A社株主となることは事業上問題がある（A社の主要取引先Y社がX社のライバル会社である，など）。

　このような場合は，本提案は適切ではありません。それでも，グループ株式分散防止のために資本関係の整理を行う必要がある場合は，事前にXの所有するB社株式の買取を行う方法が考えられます。

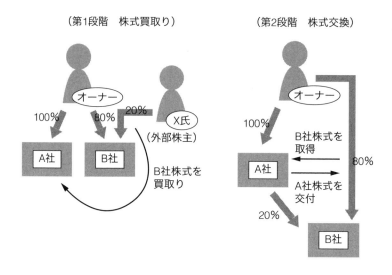

（第1段階　株式買取り）

（第2段階　株式交換）

オーナー

100%　80%　20%

X氏
（外部株主）

A社　B社

B社株式を
買取り

オーナー

100%

B社株式を
取得

A社　　←　80%

A社株式を
交付

20%

B社

（実行後）

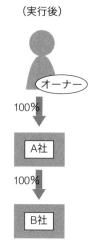

オーナー

100%

A社

100%

B社

事例
3-2 度重なる相続により，
株式が親族に分散している

　設立60年の会社で，現社長は2代目です。長男が後継者として頑張っており，長男への事業承継を考えています。

　社長は，後継者の世代の安定経営のために，また，将来株式が徐々に分散していくことを防止するために，元役員，弟，叔父，従兄弟の株式はできれば300円程度で買取りたいと考えています。

　この場合，どのような提案があるでしょうか？

　なお，当社の税務上の株価は以下のとおりです。

評価方法	株価
額面	50 円
類似業種比準価額	200 円
時価純資産価額	1,000 円
法人税・所得税上の株価（小会社方式）	700 円
配当還元価額	25 円
買取価格	300 円

他にもこんな顧客に提案できる

　社長及び後継者の「家族」以外の株主で，経営に関与していない（自社に勤務していない）株主が存在する会社が対象です。

　特に，後継者が順調に育ち当該後継者への事業承継を考える際に，外部株主（非親族や親族だが会社に関与していない株主）の株式の対応を考えることが多いです。

提案の内容

　兄弟・叔父・叔母・従兄弟・甥・姪などで，経営に関与していない株主がいる場合，親族としては良好な関係であっても，将来当該株主やその相続人たちと経営方針や株式の売買をめぐって対立するリスクがゼロとは言えません。経営者及び後継者は，次世代の安定経営のために，これらの経営に関与していない株主の株式を集約しておきたい，将来のトラブルの芽を摘んでおきたい，と考える方も多いです。

　集約方法としては，株主との個別交渉（話合い）によって買い取ることが一般的です。買取り人としては大きく次の5通りが考えられます。

　本書では主に社長家が中心となって買い取る①〜③を中心に解説します。

社長家による買取り	① 社長個人又は後継者個人が買取り ② （株式の発行会社以外の）持株会社などのグループ会社による買取り ③ 自社（株式の発行会社）による買取り
協力株主による買取り	④ 従業員持株会による買取り ⑤ 事業承継ファンド等の外部パートナー株主による買取り

提案を行う際の留意点

　分散株の集約（株式買取り）に必要なのは，「資金調達」と「税（過度な税が発生しないこと）」です。

　ここでは，主に「税」について解説します。

　分散株式の集約の課税関係は，非常に難解で慎重な検討・判断が必要ですが，ここでは金融機関の読者に押さえてほしい「5つのポイント」を①で解説したうえで，②で具体的ケースにあてはめて税の取扱い・メリットデメリットを整理します。

●これだけは押さえたい「5つのポイント」

① 売主の属性　〜税務上は2種類に区分される！「原則」株主か，「特例」株主か〜

　税務上は，売主は「原則」株主と「特例」株主の2種類に区分されます。「原則」株主であれば類似業種比準価額等を適用し，「特例」株主であれば配当還元価額を適用します。「原則」株主か，「特例」株主かの区分について，本書では重要ポイントのみ解説します。

　社長親族が50％超の議決権を所有しているものとして，以下の2通りで検討します。ここでいう「親族」は，6親等内の血族・3親等内の姻族を指します。

〔社長親族以外〕

　「特例」株主になります。

〔社長親族〕

　社長親族であっても以下の全ての要件を満たす場合,「特例」株主になります。

　①　役員でない

　②　本人の議決権比率が 5 ％未満である

　③　本人と「近い親族」とを合算して,議決権比率が 25 ％未満である

　ここでいう「近い親族」とは,「配偶者,直系血族,兄弟姉妹,1 親等の姻族及び
これらの者が議決権割合の 25 ％以上を保有する会社」を指します。通常の「親族」
よりも範囲が狭いことがポイントです。代表的なところでは,叔父・叔母,甥・姪,
従兄弟は「近い親族」の範囲に入りません。

　本事例では,以下の通りとなります。

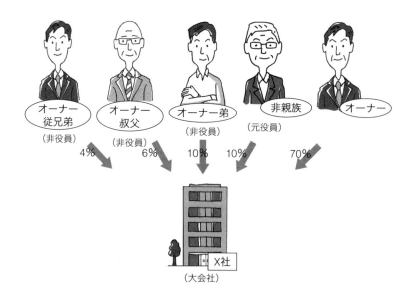

・元役員……親族でない。 ∴「特例」株主

・弟……本人の議決権比率が 5 ％以上。②の要件を満たさない。 ∴「原則」株主

・叔父……本人の議決権比率が 5 ％以上。②の要件を満たさない。 ∴「原則」株主

・従兄弟……本人の議決権比率が 5 ％未満。かつ,近い親族と合算して議決権比率

が25％未満。役員でもない。①〜③の要件を満たす。 ∴「特例」株主

② 個人が法人に譲渡する際の注意点　〜時価の2分の1未満で譲渡→時価で譲渡したものとみなす〜

個人が法人に資産を譲渡する際に、時価の2分の1未満で譲渡した場合は「時価で譲渡したものとみなす」という取扱いがあります。所得税の「みなし譲渡課税」といいます。

例えば、時価700円の資産を300円で譲渡した場合は、実際には300円の収入しかないにもかかわらず、700円に対する税金（例えば取得費50円の株式譲渡所得の場合132円の所得税等）が課税されます。この場合の「時価」は、各「売主」にとっての「時価」であり、上記①の株主の属性ごとに異なります。「原則」株主であれば類似業種比準価額等、「特例」株主であれば配当還元価額です。

「売主」によって「時価」が異なる点がポイントです。

なお、「原則」か「特例」かの判定は、譲渡直前の議決権割合によって判定します。

③ 個人株主の株式譲渡にかかる税金　〜自社以外への譲渡は一律20%、自社への譲渡は総合課税で最高税率約50%〜

個人株主が株式を譲渡した場合、所得（利益）に対して一律20.315%の所得税等が課税されます。

ただし、譲渡の相手が「自社（＝株式の発行会社）」の場合のみ、特別な取扱いがされます。譲渡の相手が「自社」の場合、譲渡対価の一部は株式譲渡収入とされ、残りは配当とみなされます。株式譲渡収入部分は20.315%の課税対象ですが、配当部分は総合課税とされ給与所得等と合算して累進税率が適用されます。所得税・住民税の合算税率は、所得金額に応じて15.105〜55.945%です。

給与所得等の高い株主や、株式譲渡代金が数千万円のように多額になる場合、最高税率約55%（配当控除後で約50%）で課税されることもありますので、注意が必要です。

逆に、年金暮らしの株主や、株式譲渡代金の少ない少数株主の場合は、累進税率が株式譲渡所得課税の税率（約20%）よりも低いこともあります。

④ 法人が低額で資産取得する場合の法人税課税（受贈益課税） 〜グループ会社による買取りは受贈益課税あり，発行法人による買取りは受贈益課税なし〜

　法人が時価よりも低額で資産を取得した場合，時価と取得価格との差額が「受贈益」とみなされ，当該差額に対して法人税等が課税されます。これを法人税の「受贈益課税」といいます。ただし，株式の発行会社が自社の株式を低額で取得した場合（いわゆる自己株買い）には，受贈益課税はありません。法人税では，自己株買いは資産の取得ではなく，資本等取引だからです。

　「発行法人による自己株買いは受贈益課税はない」という点がポイントです。

⑤ 法人の低額取得により，株主の価値が増加した場合の贈与税課税

　同族会社が時価より著しく低い価額で資産取得したことにより，株価が増加したときは，その同族会社の株主は，当該増加した部分に相当する金額を，資産を譲渡した者から贈与によって取得したものとして贈与税が課税されます。

　この取扱いは，持株会社などのグループ会社による株式買取りだけでなく，発行法人による自己買いにも適用されるものと考えます。

●設例による解説

　元役員，弟，叔父，従兄弟から 300 円で買取りをする場合は，どうなるでしょう？

　どの方法によるのが良いでしょう？

　具体的に見てみましょう。

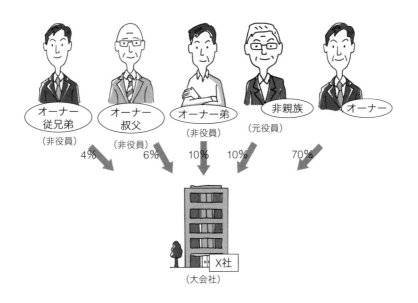

評価方法	株価
額面	50 円
類似業種比準価額	200 円
時価純資産価額	1,000 円
法人税・所得税上の株価（小会社方式）	700 円
配当還元価額	25 円
買取価格	300 円

※ 当社の1株当たり資本金等は50円，株主の取得
費も50円とします。

まず，売主を「原則」株主と「特例」株主に区分します。

「原則」株主……弟，叔父

「特例」株主……元役員，従兄弟

売主の属性によって，課税関係やスキームの良否が異なりますので，属性ごとに
解説します。

① 売主が「原則」株主の場合

〔課税関係の判断のポイント〕

・売主（原則株主）の相続税評価額は 200 円，法人税・所得税の株価は 700 円。

・「時価」の 2 分の 1 未満で譲渡したかどうかの「時価」は，法人税・所得税の株価 700 円で判定します。

・社長又は後継者個人が買い取る場合，買主にとっての「時価」は，買主の「相続税評価額」で判定します。買主は，「原則」株主であるため，類似業種比準価額 200 円となります。200 円よりも安い価格で買取りした場合，贈与税が課税されます。

・持株会社やグループ会社が買取りをする場合，買主にとっての「時価」は，法人税・所得税の株価 700 円です。

〔課税関係の整理〕

	A　社長又は後継者個人	B　持株会社などの グループ会社	C　自社
売主	実際の売買価格 300 円をもとに株式譲渡所得課税（一律 20.315 ％） ※買主が個人の場合は，売主にみなし譲渡課税はない（売買価格がいくらであっても）	売買価格 300 円は時価 700 円の 1/2 未満のため，時価 700 円で譲渡したものとみなされる 700 円をもとに株式譲渡所得課税（一律 20.315 ％）	売買価格 300 円は時価 700 円の 1/2 未満のため，時価 700 円で譲渡したものとみなされる 700 円をもとに，50 円は株式譲渡所得課税（一律 20.315 ％），650 円はみなし配当（総合課税，累進税率）
買主	売買価格 300 円は買主の時価 200 円よりも高いため，贈与税課税なし	売買価格 300 円は買主法人の時価 700 円よりも低いため，差額の 400 円を受贈益として法人税課税	自己株式の取得は資本等取引であるため，法人税課税なし
買主の株主		売買価格 300 円は，買主の株主の時価 200 円よりも高いため，当該取得により株式価値は増加しない →贈与税課税なし	売買価格 300 円は，買主の株主の時価 200 円よりも高いため，当該取得により株式価値は増加しない →贈与税課税なし
評価	○	×	△

　B は売主にも買主にも多額の税金がかかるため，現実的ではありません。

　C は，売主にみなし譲渡課税がかかります。300 円の収入しかないのに，700 円で

売ったものとみなされます。また，配当とみなされて総合課税（累進税率）で課税がされます。売主の所得の額によって税率は異なりますが，売主に多額の税金が発生する場合は売主の納得が得にくいでしょう。

　Aは，売主には実際の売買価格による課税のみ，買主には税金はかかりません。

　本件の場合，最も税負担が少ないスキームです。ただし，Aは個人で買取るため，社長又は後継者の資金調達が課題になります。

② 売主が「特例」株主の場合

〔ポイント〕

・売主（特例株主）の相続税評価額は 25 円，法人税・所得税の株価は 25 円。

・「時価」の 2 分の 1 未満で譲渡したかどうかの「時価」は，法人税・所得税の株価 25 円で判定します。

・社長又は後継者個人が買い取る場合，買主にとっての「時価」は，買主の「相続税評価額」で判定します。買主は，「原則」株主であるため，類似業種比準価額 200 円となります。200 円よりも安い価格で買取りした場合，贈与税が課税されます。

・持株会社やグループ会社が買取りをする場合，買主にとっての「時価」は，法人税・所得税の株価 700 円です。

〔課税関係の整理〕

	A 社長又は後継者個人	B 持株会社などの グループ会社	C 自社
売主	実際の売買価格300円をもとに株式譲渡所得課税（一律20.315％） ※買主が個人の場合は，売主にみなし譲渡課税はない（売買価格がいくらであっても）	売買価格300円は時価25円の1/2以上のため，みなし譲渡課税なし 実際の売買価格300円をもとに株式譲渡所得課税（一律20.315％）	売買価格300円は時価25円の1/2以上のため，みなし譲渡課税なし 実際の売買価格300円をもとに，50円は株式譲渡所得課税（一律20.315％），250円はみなし配当（総合課税，累進税率）
買主	売買価格300円は買主の時価200円よりも高いため，贈与税課税なし	売買価格300円は買主法人の時価700円よりも低いため，差額の400円を受贈益として法人税課税	自己株式の取得は資本等取引であるため，法人税課税なし
買主の株主		売買価格300円は，買主の株主の時価200円よりも高いため，当該取得により株式価値は増加しない →贈与税課税なし	売買価格300円は，買主の株主の時価200円よりも高いため，当該取得により株式価値は増加しない →贈与税課税なし
評価	○	×	○

　Bは買主に多額の税金が発生するため，現実的ではありません。

　AもCも買主に課税はなく，売主に実際の売買価格による課税のみがなされますが，Aは株式譲渡所得（一律20.315％），Cは総合課税（累進税率）になります。売主の所得の額によって税金の大小が異なります。

　特例株主はそもそも株数が少なくみなし配当が少額で，総合課税の税率が高くない場合もあります。一方，資金負担という観点からは，社長や後継者個人よりも自社の方が資金余力があることが多いです。

　AとCとで税負担に大差ない（Cの方がAより税額が低い，または，高いが大差ない）場合，資金負担の観点からCを選択することもあります。

● 「税」以外のポイント

　買取り人を誰とするかについて，課税関係以外のポイントは以下の通りです。

〔ポイント〕

	A　社長又は後継者個人	B　持株会社などの グループ会社	C　自社
資金負担	最も資金負担がしづらい。借入をする場合，借入返済のために役員報酬の増額が必要になる。所得税・社会保険料の負担が増加する。	自社よりは資金がないことが多い。個人よりは銀行借入がしやすい。	最も資金負担がしやすい。
決議機関	売主・買主では，基本的に決議なし。自社が譲渡制限会社の場合，譲渡承認の取締役会決議が必要。	売主・買主では，基本的に決議なし。自社が譲渡制限会社の場合，譲渡承認の取締役会決議が必要。	自社の株主総会の普通決議（特定株主からの取得の決議の場合，特別決議）が必要。買取りの内容（総額，株式数）は，全ての株主に開示される。
議決権	買取った株式分だけ買主の議決権が増加する。	買取った株式分だけ買主の議決権が増加する。	自社が所有する自己株式には議決権はない。議決権割合の計算上は，自己株式はないものとされるため，他の株主の議決権割合は増加する。

● スクイーズアウトについて

　スクイーズアウトとは，支配株主が，少数株主の有する株式の全部を，株主の個別の承諾なく，金銭を対価として取得する行為を言います。

　会社法では，企業の意思決定の迅速化や，長期視点での柔軟かつ積極的な経営推進等のために，スクイーズアウトの制度がいくつか設けられています。株式併合，全部取得条項付種類株式，金銭対価の株式交換，特別支配株主の株式売渡請求などです。

　株式併合を用いたスクイーズアウトについて例示します。

　株式併合とは，「10株を1株にする」など，既存の複数の株式を1株に統合し，発行済株式数を減らす制度です。

【株式併合を用いたスクイーズアウトの例】
・発行済株式数　100株
・既存の20株を1株に統合する株式併合を実施

社長	80株	80%
元役員	10株	10%
叔父	10株	10%
合計	100株	100%

株式併合
20株を
1株に

社長	4株
元役員	0.5株
叔父	0.5株
合計	5株

端株の合計
1株

端株の
売却,
自己株
消却後

社長	4株	100%
元役員	―	―
叔父	―	―
合計	4株	100%

裁判所の許可を得て
任意売却,自己株買いし消却

　上記の事例の場合，元役員の10株は0.5株，叔父の10株は0.5株の端株となります。そしてこれらの端株の合計1株を，裁判所の許可を得て任意売却し，売却代金を元役員と叔父に分配します。この任意売却の際，自社が買受人として自己株買いをし，その後自己株1株は消却をします。

　この手続きの後，株主は社長1人，発行済株式は4株，社長の議決権割合は100％になります。こうすることで，社長以外の少数株主の株式を，強制的に買取り（換金）するのです。

　ただし，株式併合に反対する株主には，会社に対して「自分の株式を買取ってください」と請求する「株式買取請求権」があり，また，当該買取価格について会社との協議が整わない場合に裁判所に「公正な価格を決定してください」と申立てる権利があります。

　スクイーズアウトは，法律上認められた分散株式買集め手法です。資金負担，株主からの批判，係争の時間・労力を厭わず，分散株式を買い集めたい場合には，大変強力な手法です。ただし，反対株主が裁判所に価格決定申立をした場合に係争の費用及び時間がかかる，世間体・印象が良くない，裁判所の決定価格が想定よりも高くなった場合に資金負担が膨らむリスクがある，等のデメリットやマイナス面もあることに留意が必要です。

●自己株買いの留意点

　自己株買い（自己株式取得）は，買主である法人に受贈益課税がないため，ケースによっては有用な手段になります。自己株式取得は，株主総会の決議事項であり，基本的に全株主に開示されるため以下の点に留意が必要です。

① 　買取りの内容（総額・株式数）が他の株主に知られること，また，当該買取り行為が「事例」となること

② 　「特定の株主」からの取得を決議する場合，他の株主には「自分の株式も買取って下さい」と請求する権利があること。これによって，買取りターゲットの株主以外の株主からも株式買取りが必要になること

　これに対して，社長個人や持株会社による買取りの場合は，買取る株価等が他の株主に開示されることはありません。

●売り手の損得判断　〜配当の何年分か？〜

　未上場会社の少数株主で，会社経営に携わっていない場合，通常の株主が得られる収入は配当だけです（役員報酬はなく，株式を市場でいつでも自由に売却できる訳でもない）。また，未上場会社は上場会社とは異なり，配当は「当期純利益×○％」ではなく「額面×○％」という考え方が多く，結果として配当は（時価に対して）少額であることが多いです。

　社長などから株式買取りの打診を受けた場合，少数株主にとっては売却代金を得る数少ないチャンスともいえます。売り手にとっての損得判断の第一は，「配当の何年分か？」だと思います。毎年の配当が 2.5 円（額面 50 円の 5 ％），買取り価格が 300 円の場合，買取り価格 300 円は配当収入 120 年分ということになります。

　また，株主の相続の際には相続税がかかります。オーナー家株主の場合は「原則」株主に該当し，高額な相続税が課税されることもあります。相続税は高額なのに配当収入は微々たるもの，という場合には，買取り提案に一層メリットを感じることもあります。

●買取りの話合いは誰がするか？

　株主からの買取りの話合いは誰がするのがよいでしょうか。以下の理由から，買取り当事者である社長や後継者よりも，他の人が行う方が，良いケースも多いと思います。

①　社長や後継者自身が「自社の株式を安く売って下さい」とは言いづらいこと
②　元役員，親戚など，何らかの関係がある株主との話合いの場合，私情が入ってしまうこと
③　買取り後の親族付合い，取引関係などにしこりを残したくないこと

　話合いを円滑に進めるためにも，取引後の良い関係・付合いのためにも，「仲人」に依頼するのも一手でしょう。

　「仲人」としては，いわゆる番頭さん，顧問弁護士などの専門家，両者と取引のある金融機関などが考えられます。一方で，自社の経営の近況・課題・方針，事業承継や次世代の経営にかける思い等は，経営者が直接本音を語る方が効果的な場合もあるでしょう。本旨は経営者が語り，その後の詳細なやり取りは「仲人」に任せるといった役割分担も考えられます。

事例 3-3　後継者が事業承継に積極的だが，株価が高く承継が難しい

X社のオーナーは長男への事業承継を考えていますが，株価が高いのが悩みです。後継者である長男はオーナー退任後の求心力確保，従業員の勤労意識向上，自身のサポートが期待できる次世代の幹部候補社員の登用について関心を持っています。

この場合，どのような提案ができるでしょうか？

100%

X社

オーナー　妻

長男（後継者）　長女

【X社の株価】

評価額	単価（1株）	総額（1,000株）
原則評価額	300,000円	3億円
特例評価額※	25,000円	2,500万円

※　配当還元価額

他にもこんな顧客に提案できる

・自社の株価が高く，株価対策の効果も限定的な会社
・従業員の勤労意欲の向上，福利厚生の拡充を考えている会社
・安定株主の確保を考えている会社
・後継者のさらに次の事業承継については親族外の者への承継を考えている会社

【株式を全て後継者に承継する場合】

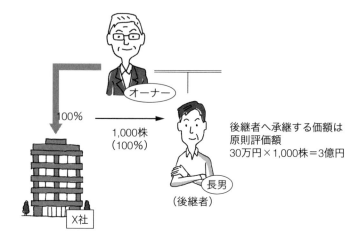

後継者へ承継する価額は
原則評価額
30万円×1,000株＝3億円

1,000株
（100%）

100%

長男
（後継者）

オーナー

X社

【従業員持株会を導入して承継する場合】

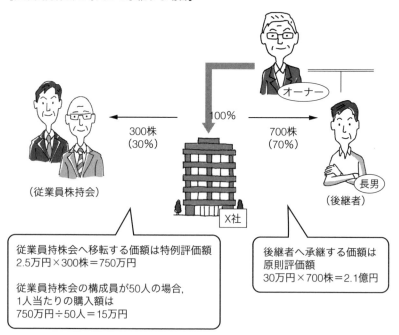

300株
（30%）

100%

700株
（70%）

（従業員株持会）

長男
（後継者）

オーナー

X社

従業員持株会へ移転する価額は特例評価額
2.5万円×300株＝750万円

従業員持株会の構成員が50人の場合,
1人当たりの購入額は
750万円÷50人＝15万円

後継者へ承継する価額は
原則評価額
30万円×700株＝2.1億円

●従業員持株会導入による効果

　従業員への株式の移転により，オーナーが後継者である長男に承継する株式数が減るため，承継に伴う贈与税又は相続税の負担が軽減されます。

　従業員への株式の移転については，通常の評価（原則評価額）と比べて一般的に低い価額（特例評価額：配当還元価額）を使用することができるため，従業員の負担は大きくなりません。また，株式を従業員に直接渡すのではなく，「従業員持株会」として所有させ，一定の規約の下で運営を行うことにより，従業員の退職等に伴う社外への株式の流出，株式の買取価額を巡るトラブルを防ぐことができます。

●従業員持株会を通じた福利厚生支援

　株主は配当を受け取ることができますが，そもそも従業員に会社の株式を買い取る資金がなければ株式を取得できません。そうした場合，従業員に対する福利厚生の一環として，株式取得奨励金の支給（給与課税の対象にはなります）を行うこともできます。

　株式を取得し，毎期の業績に応じた配当を受け取ることにより，従業員のモチベーションの向上につながり，会社への帰属意識を強めることができます。

●従業員持株会が所有する株式の工夫

　非上場会社においては代表者に議決権を集約することが望ましいため，従業員持株会が所有する株式については「無議決権株式」とすることもできます。

　また，従業員の福利厚生，モチベーションの向上を目的に，従業員持株会が所有する株式については優先的に配当を受けられる「優先配当株式」とすることもあります（無議決権株式と配当優先株式の組み合わせも可）。

●安定株主としての活用

　株式の移転に伴いオーナーの影響力が低下しますが，社外への流出はなく，従業

員持株会が安定株主として機能します。ただし，少数であっても株主には一定の権利が認められており，それらの内容を認識しておく必要があります。

```
金融機関として求められるサポート内容
・顧客の課題解決を通した会社との関係強化
・後継者への株式承継時の利益対策としての投資減税やオペレーティングリース
　の提案
```

提案を行う際の留意点

●従業員持株会の仕組み

① 従業員持株会の種類

　従業員持株会の種類としては人格のない社団，任意団体，民法上の組合がありますが，実務上使われることが多いのは民法上の組合です。本書では民法上の組合を前提に記述しています。民法上の組合とした場合，従業員持株会は法人ではなく，個人の集まりという性格を持ちます。

② 従業員持株会の運営

　従業員持株会に参加する従業員の中から理事長（代表者）を定め，その理事長が従業員を代表して株式を一括管理します。運営は従業員持株会規約※に基づき行われます。また，会社から受け取る配当については，各人の持分（出資額）に応じて配分されます。

> ※　日本証券業協会から公表されている「持株制度に関するガイドライン（平成20年6月）」を基礎に規約を策定しているケースが多いと思われます。

③ 従業員持株会の構成員

　従業員持株会の構成員は任意に定めることができます。従業員持株会の位置づけをどう考えるか，会社ごとに判断が分かれます。株主には経営状況を開示することになるため，会社によっては一定の加入基準（役職，勤続年数）を設ける場合もあります。一方，福利厚生の一環として新入社員にも従業員持株会への加入を認め，

株式取得奨励金を支給する会社もあります。

　なお，勤務年数の長い社員が株式を多数所有し，勤務年数が短い社員が希望しても所有できないといった相談を受けることがあります。オーナーの税金対策の即効性は薄れますが，従業員の年齢構成や将来の株主構成も想定しながら，段階的に従業員持株会を拡充するといったことも考えられます。

④　退職時の取り扱い

　従業員持株会規約において，従業員の退職時には決められた価額により従業員持株会が買い取ることを定め，株式が社外に流出することを防ぎます。

●税務上の留意点（従業員持株会の実態）

　従業員持株会を導入しても，従業員持株会の理事長（代表者）が株主総会に参加していない，配当の実績がない等，従業員持株会としての実態がないと認められる場合には，従業員持株会名義の株式がオーナー株式と認定される恐れがあります。

　オーナーの相続税対策の目的だけでなく，従業員持株会を通じて会社への帰属意識を強める，安定株主として機能させる等，経営の目的にも沿った導入提案が望まれます。

●株主の権利

　会社の方針を決める株主総会においては，その決議する内容に応じて一定数以上の株主の同意を得る必要があります。そのため，オーナー家として発行済株式の3分の2を確保することが望ましいと考えられます。

　ただし，オーナー家で多数の株式を所有していたとしても，株主（従業員持株会等の少数株主）が持つ権利を理解しておくことが必要です。最終的には，株式を多数所有するオーナーの意向が通ったとしても，権利を行使・主張されることにより会社が動揺することがあります。

（参考：株主の権利）

行使比率	行使できる主な権利	
66.7％以上 （3分の2以上）	株主総会の特別決議が可能 決議事項 ①定款変更 ②重要な事業譲渡，合併，会社分割，株式交換及び移転	③資本金の減少，株式会社の解散 ④特定の株主からの自己株式買受け
50％超 （過半数）	株主総会の普通決議が可能 決議事項 ①取締役，監査役の選任 ②剰余金の処分・配当	③取締役，監査役の報酬の決定 ④計算書類の承認
33.3％超 （3分の1超）	①株主総会の特別決議を阻止できる	
10％以上	①会社解散の訴え ②会社更生手続き開始の申立て（会社更生法）	
3％以上※	①株主総会招集請求権 ②（①の手続後）取締役・監査役の解任の訴え	③会社帳簿及び書類の閲覧謄写権（保有期間の制限無し）
1％以上※	①株主総会に関する検査役の選任請求権 ②株主総会の議題及び議案の提出権（300個以上の議決権でも可）	
1株	①株主総会議決権 ②株主総会決議取消訴権 ③累積投票請求権 ④新株発行無効訴権※ ⑤取締役・監査役等の責任追及に関する代表訴訟提起権※	⑥取締役の違法行為差止請求権※ ⑦総会議事録閲覧謄写権 ⑧取締役会議事録閲覧謄写権 ⑨定款・株主名簿・端株原簿・社債原簿の閲覧謄写権

※　公開会社の場合は6ヶ月以上保有

参考事例

①　従業員持株会導入後のM&Aにより創業家としての利益を失った事例

　親族に後継者が候補がおらず，事業承継が進んでいないA社。金融機関担当者からの提案により，万が一のオーナー相続時の相続税負担を軽減するために従業員持株会を組成しました。その数年後，結局後継者が決まらなかったことから，同業他社にM&Aで会社を譲り渡すことになりましたが，従業員持株会に移転していた株式分の対価を得ることができませんでした。

② 従業員持株会からオーナー家が買い戻す際の負担に悩んだ事例

　A社の代表者は3代目。創業オーナー時代から従業員持株会を導入していました。当初は発行済株式数の2割程度を従業員持株会に所有させていましたが，会社の業績拡大に伴う株価上昇及びその株式承継対策のため，従業員持株会に所有させる株式を段階的に増やしてきました。結果として，従業員持株会の株式所有割合は発行済株式数の4割程度まで上昇。

　この度，従業員の転籍を伴う会社分割を進めることになりましたが，株主総会で特別決議が必要となるため，事前に従業員持株会から株式を買い戻しすることを決めました。ただし，買い戻しの価額は原則評価額となり，想定以上の資金が必要となりました。

（参考：従業員持株会へ移転する際の価額と従業員持株会から買い戻す際の価額の考え方）

①特別評価額
（配当還元価額）

②原則評価額

オーナー

（従業員持株会）

事例 3-4	従業員株主等の整理

X社は社歴が長く，古くからの従業員株主が何名かいます。

このたび，その従業員株主のうちAが退職することになり，その株式の引き取り方法を検討しています。別の従業員が株式を買い取ることも考えられますが，オーナーとしては，今後は親族で株式を所有したいという意向を持っており，あわせて誰がいくらで株式を買い取るか，思いあぐねています。

この場合，どのような提案ができるでしょうか？

【株主の状況】

株主	株数	議決権割合
オーナー	500 株	50%
長男	200 株	20%
従業員 A	100 株	10%
従業員 B	100 株	10%
従業員 C	100 株	10%
合計	1,000 株	100%

【X 社の株価】

対象株主	基準となる株価（1 株）	株価の考え方
従業員※	2.5 万円	特例評価額
オーナー・後継者	15 万円	原則評価額（利益や資産状況を加味した価額）
自社（X 社）	20 万円	法人税時価 （原則評価額を基に所定の修正を加えた価額）

※オーナーや後継者とは親族関係にない
※税法上は株主の属性によって基準となる株価が異なる（事例 2-5 も参照）

> 他にもこんな顧客に提案できる
>
> ・現職の従業員だけでなく，退職した従業員株主がいる
> ・取引先が株主となっている

提案の内容

　従業員からの買い取りに関して，今回の事例では買受者として下記 3 パターンが考えられます。正解はなく，資金の準備や課税関係，またオーナーの意向により方法は変わります。

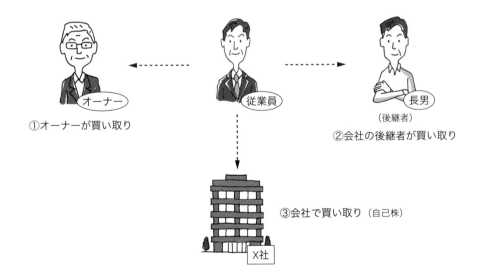

①オーナーが買い取り

②会社の後継者が買い取り

（後継者）

③会社で買い取り（自己株）

X社

```
┌─────────────────────────────────────────────────────────────┐
│            金融機関として求められるサポート内容                  │
│  ・顧客の課題解決を通した会社との関係強化                        │
│  ・株式購入資金の融資                                          │
│  ・贈与税支払いのための資金融資（購入者がオーナーや後継者の場合） │
└─────────────────────────────────────────────────────────────┘
```

提案を行う際の留意点

●株式の売買価額

　それでは，売主である従業員と買主であるオーナー・後継者，会社とでは基準となる価額が異なりますが，売買価額はどのように決めればよいでしょうか。

　実務上は，従業員の基準にあわせ，配当還元価額や（現在は額面という考え方はありませんが）旧額面とし，売買総額を抑えるケースが多いと思います。

　もちろん，従業員との関係やオーナーの気持ちによりケースバイケースですが，本事例では，従業員の基準である1株2.5万円で売買することにします。

●課税関係

　従業員の基準にあわせた1株2.5万円で売買した場合に問題となるのは，課税関係です。

　まず，株式を譲渡する従業員においては譲渡税がかかりますが，税金の対象となるのは利益相当の譲渡益に対してであり，従業員の基準となる価額が譲渡する場合は，税金がかかるケースはそれほど多くありません。

　実際に検討が必要となるのは，株式を購入する買手側での課税関係のため，今回は買手側の課税関係を整理します。

① オーナー・後継者が買い取る場合

　実際の買い取り価額1株2.5万円と自身の基準となる株価である1株15万円との差額は，従業員から贈与を受けたものとして，贈与税の対象となります。

　具体的には，（15万円−2.5万円）×100株＝1,250円が贈与を受けた金額となり，

この場合の贈与税は338万円と高額です。

ただ，オーナー・後継者からすると，自身の基準となる株価で買い取るよりも，従業員への支払いと贈与税支払の合計額は少なくなります。数字で比較すると下記の通りです。

（イ）　オーナーや後継者基準の株価で買い取る場合

　　15万円×100株＝1,500万円

（ロ）　従業員基準の株価で買い取る場合

　　2.5万円×100株＋338万円（贈与税）＝588万円

なお，オーナーと後継者のどちらで買い取るかという問題もあります。

オーナーで買い取った株式もいずれは後継者が引き継ぐことになります。また，利益の積み重ね等により，今後株価が上がる可能性もあります。したがって，資金準備状況等にもよりますが，通常は後継者による買い取りを優先します。

② 会社が買い取る場合

実際の買い取り価額1株2.5万円と会社の基準となる株価である1株20万円との差額は，課税対象となりません。

安い金額で購入している事実はありますが，法人税の規定上，自己株式の取引は資本等取引として，課税所得を構成しないものとされているからです。

●会社が買い取る場合のその他検討事項

上記「課税関係」で整理した通り，株式の購入側で課税がおきない，会社で買い取る方法が良いように思います。ただし，下記の点に注意する必要があります。

① 自己株式の買い取り額上限

会社法上，会社で自己株式が保有できる上限が定められています。今回詳細な計算方法は割愛しますが，貸借対照表の純資産を構成する剰余金の額が目安となります。

② 議決権への影響

会社で購入した自己株式は議決権がなく，買取後の各株主の議決権比率が上昇し

ます。議決権が増えることが望ましくない株主がいる場合，注意が必要です（下記参照）。

【株主の状況】
★自己株式購入前

株主	株数	議決権割合
オーナー	500 株	50%
長男	200 株	20%
従業員 A	100 株	10%
従業員 B	100 株	10%
従業員 C	100 株	10%
合計	1,000 株	100%

【株主の状況】
★自己株式購入後

株主	株数	議決権割合
オーナー	500 株	56%
長男	200 株	22%
従業員 A		0%
従業員 B	100 株	11%
従業員 C	100 株	11%
合計	900 株	100%

③ 株価への影響

　会社が従業員基準の金額で株式を買い取る場合，オーナーの基準となる原則評価額の株価が上がります。会社が従業員基準の金額で買い取る場合，会社として支払う金額が少なく，かつ，株式数が減るため，結果として1株あたりの単価があがるという理由です。

　株価が上がると，今後後継者に株式を引継ぐ際の税金等に影響するため，従業員からの株式買取前に，後継者への株式承継を進めるといった提案も有効です。

(参考：間接的な贈与)

　やや専門的な内容となりますが，自己株式の取得後にオーナーの株価が上がることをとらえて，従業員からオーナーに間接的な贈与があったものとして，贈与税がかかるかどうか，という論点があります。この点は諸説あり，明確な回答はありませんが，今回のような少数株主の株式を整理する場面では，そうした課税関係はまず起こらないと考えます。

どうする？ どう考える？　所在不明株主の株式処分制度

　社歴が長い会社では，株主の所在が分からず，時に事業承継に支障が出る場合があるため，基本的な取り組みであるが，株主の属性確認は早めに済ませたい。

　株主が所在不明で問題となる事例には，以下のようなものがある。

・M&Aにより会社を譲る際，所在不明株主の存在から，手続きが迅速に進まない

・種類株式導入にあたり，既存株式の内容を変更するには株主全員の同意が必要であるが，その手続きが進まない

① 株主の所在が不明となる背景

　平成2年の商法改正前は，株式会社設立時に株主が7名以上必要であったため，親族や知り合いの方に出資をお願いし，株主となってもらっていた会社は多くあった。

　後継者への株主情報に関する引継ぎが十分なされないまま，会社オーナーや設立時の株主が亡くなった場合等に，株主の所在が分からなくなるといったことがおきる。

② 所在不明株主の株式処分制度

所定の条件を満たす場合，発行会社が株式を処分することができる。

【条件】

✓ 5年間継続して，株主に対する通知等が到達していない

✓ 5年間継続して，配当金が受領されていない

※ 裁判所公表の質疑応答では，これら事実を証明する書類が重要視されています。中小企業において，実務上，株主総会が実際に開催されていない（書面だけ整える）といったこともよく見受けられますが，そうした場合は受け付けてもらえません。株主総会の招集通知書を送る等の手続きを5年間継続する必要があります。

【具体的な処分方法】

会社は所定の書類等を準備した上で，裁判所に所在不明株主の株式処分（売却）許可の申し立て※を行う。その後，裁判所からの許可決定を受けると，その株式を買い取ることができる。

その際，株主の所在が不明であり，代金を受け取る者がいないことから，その代金は発行法人が法務局に供託等する。その後10年経過すると時効が成立し，その供託等した金額を雑収入計上することとなる。

※ 事前に公告と催告を行う必要があります。

【期間短縮の特例】（5年→1年に）

上記の通り，所在不明株主の株式を処分するには，5年以上通知等をする必要がある。

その例外として，経営承継円滑化法に基づき，各都道府県の認定を受けることその他一定の手続き前提に，その5年を1年に短縮する特例が創設されている（2021年8月2日施行）。どの会社でも活用できるわけではなく，ハードルは高いが，所在が不明であることにより，後継者へ事業を円滑に承継させることが困難であるといった条件を満たせば活用できる余地はあるため，あわせて検討したい。

CHAPTER 4

事業用資産負債の
整理

会社にオーナー経営者からの借入れ（役員借入金）があるケース①　役員報酬の減額

　「債権者：社長個人，債務者：会社」のいわゆる役員借入が1億円あります。

　昔，会社の業績が苦しかった時に貸し付けたもので，会社の業績は回復し内部留保は潤沢ですが元金返済はしていません。

　また，会社は社長に役員報酬を2,000万円支給しています。

　どのような提案が考えられますか？

他にもこんな顧客に提案できる

　役員借入が多額にある，かつ，当該借入の元金返済を（ほとんど）していない会社が提案対象です。

　更に，以下の状況の場合，何らかの対処が有効なケースがあります。

① 債権者である社長個人に多額の預貯金・金融資産がある
② 債権者である社長個人に，貸付金の回収の必要性・希望がない
③ 社長に多額の役員報酬を支給している一方で，法人はほとんど利益を出していない
④ 社長に多額の役員報酬を支給している一方で，法人に多額の繰越欠損金が存在する

※ 本書では，内部留保及び返済余力が十分にある会社を想定して解説します。赤字企業や債務超過企業の役員借入の対処は，いわゆる企業再生に関連するテーマになり，全く異なるアプローチ・整理になるため，本書では解説は省略します。

提案の内容

　法人個人を合わせたキャッシュフロー改善（法人税・所得税・社会保険料の対策）の観点からは，役員報酬を減額し，役員借入の元金返済をする提案が考えられます。

●役員借入金を整理する際の主な選択肢

　役員借入金を整理する際の主な選択肢は下記の通りです。どれか一つということではなく，組合せもありますし，会社やオーナーの資産や利益状況，意向を確認しながら提案します。

【役員借入金（オーナーからみると役員貸付金）整理：選択肢別確認】

選択肢	主な特徴
会社で資金調達等し返済	・会社は借入や社債により資金調達 ・オーナーが返済を受けた資金は相続税納税や遺産分割分割資金として利用可
役員報酬の減額	・会社のキャッシュフロー改善 ・オーナーの課税負担減 ・取り組みやすい
貸付金として贈与	・オーナーの手元資金を減らさず相続税対策ができる ・取り組みやすい
放棄	・会社の財務改善 ・会社で利益計上される他，他の株主への課税可能性あり
資本への振り替え （DES）	・会社の財務改善 ・会社の財務及びキャッシュフロー状況によっては課税問題がおきる
代物弁済 （会社不動産等）	・会社の財務改善 ・代物弁済できる資産があれば検討できる

提案を行う際の留意点

●役員報酬減額と役員借入金返済

　社長に高額の役員報酬を支給しているものの，役員借入金は返済していない会社はこの対策を検討します。

　役員報酬には社会保険料と所得税等が課されます。社会保険料は約30％（法人・個人負担分），所得税等は最高税率約55％です。一方で，役員借入金の返済には社会保険料も所得税等もかかりません。

　そこで役員報酬を減額し，代わりに役員借入金を返済することで，役員報酬にかかる社会保険料と所得税等の負担を軽減するのです。役員報酬を減額した分，法人の利益は増加するため，法人税等は増加します。

　法人税等の実効税率は34％です。減少する社会保険料，所得税等と増加する法人税等を算出して，現状と対策後のキャッシュフローを比較します。

　なお，会社に繰越欠損金がある場合は，繰越欠損金がなくなるまでは法人税等はかかりません。キャッシュフローの改善額は大きくなり，対策のメリットも大きくなります。

事業承継の方針	・後継者の有無 ・事業承継の方針 　（子供に継ぐ，第三者にM&Aする，など） ・社長の退職予定時期，退職金の想定金額
役員借入の内容	・残高，金利，返済金額 ・返済に関するオーナーの考え 　（例：貯金をはたいて貸したものであり当然返してもらわないと困る，長らく塩漬けになっており返してもらうつもりはない，など）
社長の個人資産	・金融資産の額 ・将来の相続税の納税資金 ・遺産分割の方針
社長の役員報酬	・役員報酬の額 ・所得税等，社会保険料の額
法人の財務状況	・今後の経常利益の見通し ・繰越欠損金の額

設例で見てみます。設例 1 は繰越欠損金なし，設例 2 は繰越欠損金ありのケースです。

いずれも役員報酬を減額しその分役員借入を返済することで，役員個人の年間手取りは維持しつつ，社会保険料・所得税等の減額によりキャッシュフローが改善されます。

<設例 1>
- 役員借入金 1 億円
- 役員報酬 2,000 万円，手取り 1,300 万円
- 会社の課税所得 835 万円

<設例 2>
- 役員借入金 1 億円
- 役員報酬 2,000 万円，手取り 1,300 万円
- 会社の課税所得 835 万円
- 繰越欠損金 2 億 5,000 万円

役員報酬を 600 万円にし，
役員借入を年 1,000 万円ずつ返済。
役員の手取り 1,300 万円は維持。

| 年間 130 万円のキャッシュフロー改善 | 年間 632 万円のキャッシュフロー改善 |

計算の詳細は以下の通りです。

① 設例 1　黒字法人の場合

役員借入金が 1 億円あり，元金返済はしていません。

役員報酬は現状 2,000 万円です。

会社の課税所得は 835 万円です。

■対　策

役員報酬を 1,400 万円減額し，600 万円とします。

代わりに，貸付金の元金返済を年間 1,000 万円ずつ行うこととし，個人のキャッシュフローが減らないようにします。

結果，役員報酬の減額分だけ法人の課税所得は増加しますが，所得税・社会保険料が減少し，差引 130 万円／年（10 年間で 1,300 万円）のキャッシュフロー改善となります。

■設例

・年商　5 億円

・経常利益　3,000万円（役員報酬，社会保険料負担前）

・役員報酬　2,000万円

・経常利益＝課税所得と仮定

・法人税等の実効税率は34％とし，軽減税率は考慮しない

・社長は60歳，介護保険の第2号被保険者とする

・社長には給与所得以外の所得はないものとし，所得控除は基礎控除のみとする

・令和1年分の所得税として計算

	現状　役員報酬 2,000 万円		役員報酬 600 万円 役員借入　1,000 万円返済	

①法人

経常利益（役報前）	30,000
役員報酬	20,000
社会保険料	1,646
課税所得	8,354
法人税等	2,840
税引後	5,514
役員借入の返済	0
返済後	5,514

①法人　　　　　　　　　　（単位：千円）

経常利益（役報前）	30,000
役員報酬	6,000
社会保険料	896
課税所得	23,104
法人税等	7,855
税引後	15,249
役員借入の返済	10,000
返済後	5,249

②個人

給与収入	20,000
社会保険料	1,646
給与所得控除	2,200
給与所得	16,154
課税所得金額	15,774
所得税等	5,324
税引後	13,030
貸付金の回収	0
回収後	13,030

②個人

給与収入	6,000
社会保険料	896
給与所得控除	1,740
給与所得	3,364
課税所得金額	2,984
所得税等	503
税引後	4,600
貸付金の回収	10,000
回収後	14,600

③社保・税

法人	4,486
個人	6,970
合計	11,456

③社保・税

		改善額
法人	8,751	4,265
個人	1,400	−5,570
合計	10,151	−1,305

④手取り

法人	5,514
個人	13,030
合計	18,544

④手取り

		改善額
法人	5,249	−265
個人	14,600	1,570
合計	19,849	1,305

② 設例 2　多額の繰越欠損金がある場合

> 役員借入金が 1 億円あり，元金返済はしていません。
>
> 役員報酬は現状 2,000 万円です。
>
> 会社の課税所得は 835 万円です。
>
> 会社には繰越欠損金が 2 億 5,000 万円あります。

■対　策

　現状の役員報酬の設定では，法人の課税所得が 835 万円のため，繰越欠損金は最大 10 年間でも使い切りません。

　設例 1 と同様に，役員報酬を現状 2,000 万円から 1,400 万円減額し，600 万円とします。

　代わりに，貸付金の元金返済を年間 1,000 万円ずつ行うこととし，個人のキャッシュフローが減らないようにします。

　結果，個人のキャッシュフローは 157 万円増加，法人のキャッシュフローは 475 万円増加，個人法人合計でキャッシュフローが 632 万円（10 年間で約 6,320 万円）増加します。

　このケースでは，役員報酬を減額しても繰越欠損金がある間は法人税は増加しませんので，所得税・社会保険料の減額分がまるまるキャッシュフロー改善効果となります。

■設例

・繰越欠損金　2 億 5,000 万円

・その他は設例 1 と同じ

現状　役員報酬2,000万円			役員報酬600万円 役員借入1,000万円返済		

①法人　　　　　　　　　　　　**①法人**　　　　　　　　（単位：千円）

①法人		①法人	
経常利益（役報前）	30,000	経常利益（役報前）	30,000
役員報酬	20,000	役員報酬	6,000
社会保険料	1,646	社会保険料	896
課税所得（控除前）	8,354	課税所得（控除前）	23,104
欠損金の繰越控除	−8,354	欠損金の繰越控除	−23,104
課税所得	0	課税所得	0
法人税等	0	法人税等	0
税引後	8,354	税引後	23,104
役員借入の返済	0	役員借入の返済	10,000
返済後	8,354	返済後	13,104

②個人

②個人		②個人	
給与収入	20,000	給与収入	6,000
社会保険料	1,646	社会保険料	896
給与所得控除	2,200	給与所得控除	1,740
給与所得	16,154	給与所得	3,364
課税所得金額	15,774	課税所得金額	2,984
所得税等	5,324	所得税等	503
税引後	13,030	税引後	4,600
貸付金の回収	0	貸付金の回収	10,000
回収後	13,030	回収後	14,600

③社保・税　　　　　　　　　　**③社保・税**　　　　　　　　改善額

③社保・税		③社保・税		改善額
法人	1,646	法人	896	−750
個人	6,970	個人	1,400	−5,570
合計	8,615	合計	2,296	−6,320

④手取り　　　　　　　　　　　**④手取り**　　　　　　　　　改善額

④手取り		④手取り		改善額
法人	8,354	法人	13,104	4,750
個人	13,030	個人	14,600	1,570
合計	21,385	合計	27,704	6,320

③　役員報酬見直しの留意点

　役員報酬の減額により毎年の法人・個人合わせたキャッシュフローは改善しますが，厚生年金の保険料が減る分，オーナーが将来受け取る年金は減ります。顧客には事前にその旨をお伝えし，必要に応じて，社会保険労務士又は年金事務所に年金の影響額の確認もします。

　また，オーナーが近い将来に退職金の受給を予定している場合には，役員報酬を減額することでオーナーの希望している退職金を支給できなくなる可能性があります。将来の役員退職金に与える影響も検証したうえで，役員報酬の見直しを行います。

事例 4-2

会社にオーナー経営者からの借入れ（役員借入金）があるケース②　放棄と贈与

「債権者：社長個人，債務者：会社」のいわゆる役員借入が1億円あります。

昔，会社の業績が苦しかった時に貸し付けたもので，会社の業績は回復し内部留保は潤沢ですが元金返済はしていません。

会社には繰越欠損金が3,000万円あります。また，オーナー個人としての相続税対策には関心がありますが，お金を生前贈与することには抵抗を持っています。

どのような提案が考えられますか？

┌─ 他にもこんな顧客に提案できる ─┐

役員借入が多額にある，かつ，当該借入の元金返済を（ほとんど）していない会社が提案対象です。

更に，以下の状況の場合，何らかの対処が有効なケースがあります。

① 債権者である社長個人に多額の預貯金・金融資産がある

② 債権者である社長個人に，貸付金の回収の必要性・希望がない

※　本書では，内部留保及び返済余力が十分にある会社を想定して解説します。赤字企業や債務超過企業の役員借入の対処は，いわゆる企業再生に関連するテーマになり，全く異なるアプローチ・整理になるため，本書では解説は省略します。

提案の内容

●役員借入金の免除

オーナーからみると，貸付金を放棄する取り組みです。実務上は債権放棄書を作成し，会社に通知します。

会社においては，免除を受けた金額分の債務免除益（雑収入）が計上され，法人税等の課税対象となります。今回の事例では繰越欠損金が 3,000 万円あるため，その金額の範囲内であれば，結果として法人税等はかかりません。

●後継者となる長男への役員借入金の贈与

オーナーからみると，貸付金という財産を贈与する取り組みです。

金銭贈与と同様，贈与を受ける後継者等の受贈者と契約書を取り交わし，年間贈与額が 110 万円を超える場合は，贈与税を納税します。また，会社の管理上，贈与分の借入先を変更します（実務上は，決算書に添付する勘定科目内訳書上で記載内容を変更します）。

●その他

オーナーが相続税対策としての効果は理解しながらも，自身の現預金が減ることへの不安や子の金銭感覚への懸念から，生前贈与に取り組めていないケースがあります。

貸付金の贈与は，金銭贈与によるそれら課題がクリアでき，手続きも簡単であることから，提案しやすい内容です。

提案を行う際の留意点

●贈与対象とする家族の範囲

会社後継者ではない次男や長女，ここに登場しない孫に贈与することも考えられます。

ただし，貸付金の贈与を受けた者は，会社に対して返済を求める権利を有するた

め，将来家族の間でトラブルが生じることも考えられます。会社経営に関係しない家族への贈与は慎重に行う必要があります。

●貸付金も事業用資産

貸付金も自社株式同様，事業用資産の一部です。これら事業用資産を後継者が確実に引き継ぐことができるよう，家族に承継方針を伝える，遺言を準備するといった取り組みも必要です。

●債権放棄した場合のオーナー以外株主へのみなし贈与税

今回の事例では，会社に繰越欠損金が3,000万円あるため，会社オーナーの債権放棄が3,000万円までであれば，会社への法人税等の課税はありません（今期の課税所得はゼロとする）。

ただし，放棄を受けた金額分の負債が減り，純資産額が増えるため，自社株の評価は上がります。この場合，オーナー以外の株主がいる場合，その株主はオーナーから間接的に贈与を受けたものとみなされ，贈与税課税の対象となることがあります。

多額の貸付金を放棄する場合，株価への影響も事前に確認することも必要です。

会社にオーナー経営者からの借入れ（役員借入金）があるケース③　DES

「債権者：社長個人，債務者：会社」のいわゆる役員借入が1億円あります。

昔，会社の業績が苦しかった時に貸し付けたもので，会社の業績は回復していますが返済による資金繰りへの影響を心配しており，元金返済をすすめていません。

また，もう少し財務数値を改善させたい意向が会社オーナーにあります。

役員報酬の減額以外にどのような提案が考えられますか？

100%
貸付金
1億円

オーナー
妻
A社
長男
次男
（他社で勤務）
長女
（他社で勤務）

他にもこんな顧客に提案できる

役員借入が多額にある，かつ，当該借入の元金返済を（ほとんど）していない会社が提案対象です。

更に，以下の状況の場合，何らかの対処が有効なケースがあります。

① 債権者である社長個人に多額の預貯金・金融資産がある

② 債権者である社長個人に，貸付金の回収の必要性・希望がない

※ 本書では，内部留保及び返済余力が十分にある会社を想定して解説します。赤字企業や債務超過企業の役員借入の対処は，いわゆる企業再生に関連するテーマになり，全く異なるアプローチ・整理になるため，本書では解説は省略します。

提案の内容

　会社の財務改善及びオーナーの遺産分割対策の観点からは，DES（デット・エクイティ・スワップ＝債務の株式化）が考えられます。

　この取り組みにより，会社は負債が資本に変わり財務改善が図れます。他方，オーナーの財産は貸付金から会社株式に変わります。

●役員借入金１億円を DES により資本へ振替えた場合の取り組み

① 会社の財務改善

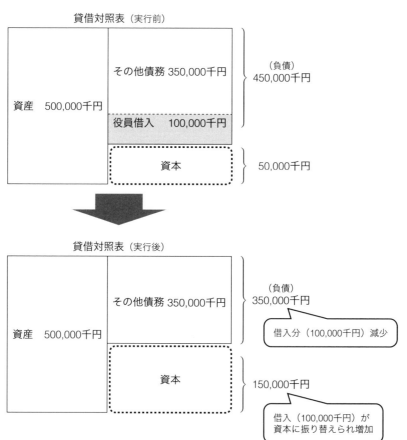

貸借対照表（実行前）

資産　500,000千円	その他債務 350,000千円	（負債）450,000千円
	役員借入　100,000千円	
	資本	50,000千円

貸借対照表（実行後）

| 資産　500,000千円 | その他債務 350,000千円 | （負債）350,000千円 |
| | 資本 | 150,000千円 |

借入分（100,000千円）減少

借入（100,000千円）が資本に振り替えられ増加

② オーナーの財産

1億円の貸付金は，時価1億円の会社株式になります。

提案を行う際の留意点

●DES（デット・エクイティ・スワップ）

① DESとは

デット（債務）とエクイティ（株式）をスワップ（交換）する取引です。

具体的には，会社が債権の現物出資を受け，債権者に対して株式を交付します。債務者にとっては債務を資本に振り替える行為，債権者にとっては債権を株式に振り替える行為です。 債務の圧縮とともに自己資本が増加し，会社の財務改善になります。

DESは企業再生の局面で用いられることが多い手法ですが，事業承継や財産承継対策としても活用できます。特に，社長個人に十分な預貯金があり，貸付金の回収が必要ない場合はこの対策を検討します。

社長が貸付金を回収しないまま社長に相続が発生した場合，その貸付金は遺産分割の対象となり，会社は貸付金を相続した相続人から返済を求められる可能性があります。

②　DES をするメリットと留意点

メリット	留意点
①　法人の自己資本の増加，債務の圧縮，財務強化 ②　貸付金を相続した相続人が，会社に返済を求めて会社の資金繰りを圧迫するリスクの回避	①　債務を資本に振り替える場合は原則として法人税等は課されない。 　　ただし，債務超過会社などで，資本の振り替えが実質的に「債務免除」とされる場合は，例外的に債務免除益として，法人税等の対象となる。 ②　振り替える金額のうち 2 分の 1 以上は資本金として計上する必要がある。 　・資本金が 1 億円を超えた場合，法人税等計算が不利になる（注 1） 　・登録免許税等の登記費用がかかる ③　振替額により，毎期の法人住民税（均等割）の負担が増加する（注 2） ④　オーナーの所有の株式数が増加するため，その増えた自社株を確実に後継者へ引き継ぐよう，承継対策を行う必要がある

（注 1）　資本金が 1 億円超となることによる主な影響項目
　・法人税の軽減税率（年間所得 800 万円以下）の不適用
　・交際費の定額控除（年 800 万円）の不適用
　・欠損金の繰越控除の制限
　・留保金課税の適用
　・外形標準課税の適用　　　など
　　無償減資により資本金を 1 億円以下まで減少させ，これらの影響が出ないようにすることが一般的。

（注 2）

【均等割の負担（目安）】
◆標準税率（年額）※各自治体の加算分は考慮していない

区　　　分		市町村民税	道府県民税
資本金等の額	従業者数		
50 億円超	50 人超	300 万円	80 万円
	50 人以下	41 万円	
10 億円超～50 億円以下	50 人超	175 万円	54 万円
	50 人以下	41 万円	
1 億円超～10 億円以下	50 人超	40 万円	13 万円
	50 人以下	16 万円	13 万円
1 千万円超～1 億円以下	50 人超	15 万円	5 万円
	50 人以下	13 万円	5 万円
1 千万円以下	50 人超	12 万円	2 万円
	50 人以下	5 万円	2 万円
資本金等の額を有しない法人		5 万円	2 万円

→合計 29 万円
→合計 7 万円

※　1　標準税率を基として各都道府県・市区町村の条例により均等割の税率が定められている（市町村民税については標準税率の 1.2 倍が限度）。
　　2　資本金等の額＜資本金＋資本準備金の額の場合には，資本金＋資本準備金の額とする。
　　3　資本金等の額は課税標準の算定期間の末日（事業年度終了の日，中間申告の場合には事業年度開始の日から 6 か月を経過した日の前日）で判定する。

仮に資本金等の額が 1 千万円以下の法人（従業員 50 人以下）が 1 億円の借入金を DES した場合の負担増は年額22万円

③ DES をした際の自社株の評価〜額面と相続税評価額〜

オーナーから見た場合，額面1億円分の貸付が1億円分の自社株に変わります。

財産内容が変わるだけですが，相続税計算では違う結果となり，場合によってはオーナーの相続税対策につながることがあります。

理由としては，以下のとおりです。

役員借入金1億円を DES した場合で考えると，実行により，会社の純資産額は1億円増加します（前述の貸借対照表のイメージも参照）。ただし，自社株式の計算は純資産額だけでなく，別の要素である類似業種比準価額も加味して計算します。

このため，1億円の貸付金を振り替えた株式が，1億円ではなく例えば6千万円（金額は仮のもの）で評価されるといったこともありえます。そうすると，DES により，オーナーの財産が圧縮され，結果として相続税負担が減少します。

もっとも，貸付金から形を変え財産評価が低くなった株式の大半を，実行直後，即座に生前贈与するといった取り組みは，相続税対策のみを目的とした DES 実行として，税務署との摩擦を起こす可能性があるため，注意が必要です。

参考事例

●回収予定のない貸付金を DES し相続財産が減少した事例

高齢の創業会長が40年前に，本社不動産の取得資金として，10億円を会社に貸付けていました。会長は，資本金と同様の感覚で貸付をしていたため，その後40年にわたり元金返済はしていませんでした。

今後の個人・法人の資金繰り，財産分割等を話し合った結果，当該貸付金は40年にもわたり元金回収をしていないこと，実質資本金に近い位置づけであったこと，今後も回収するつもりはないことから，DES により株式に振り替えました。その結果，会社の財務改善ができたことにあわせ，個人としても貸付金のまま相続するより，相続財産は減少しました。

貸付金は原則として額面評価しますが，未上場株式は類似業種比準価額等により計算をするため，ケースによっては相続財産評価が減少することもあります。

●DES により法人税等がかかる可能性があるとされた事例

　金融機関担当者が，80歳代の会社オーナーの相続対策として，DESを提案しました。

　オーナーも乗り気でしたが，会社は債務超過の状況が続いており，顧問税理士より「会社がオーナーから実質的に債務免除を受けたとして，法人税等の課税対象となる可能性がある」との指摘を受け，実行に至りませんでした。

　債務超過の場合に必ず課税対象となるわけではないが，提案段階でもうすこし慎重に検証する必要がありました。

事例 4-4　会社オーナーから賃借している本社不動産の買い取り

　X 社のオーナーは親族関係にない従業員への事業承継を考えていますが，下記のような悩みを抱えています。この場合，どのような提案ができるでしょうか？

家族はいずれも会社経営に関係していない

（オーナーの悩み）

・事業用資産である会社不動産を，会社経営に関係のない家族が相続する

・後継者候補の従業員に，不動産を買い取る資金力がない

（後継者の悩み）

・将来，会社経営に関係のないオーナー家族が事業用資産を相続した後も，賃料を継続して支払う必要がある。

・オーナー相続後の賃料増額要求や，不動産買い取りを打診した際の価格交渉が難航する可能性がある。

・後継者個人では不動産を買い取る余裕がない，借入にも抵抗がある。

提案の内容

●オーナーの会社不動産の買い取り

会社がオーナー所有の本社不動産を買い取ります。

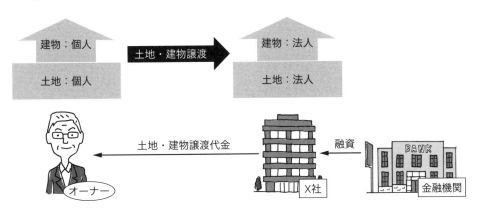

この取り組みにより，下記の効果が期待できます。

① 事業の安定

事業用資産である会社不動産を自社で所有することができます。

短期的には，不動産購入資金が必要ですが，中長期的には賃料負担がなくなります。仮に，事業承継が親族や従業員ではなく，外部の者への M&A となった場合も，自社で事業用資産を所有していることで買い手に会社を引き継ぎやすくなります。

② オーナーの相続対策

オーナーは不動産を現金化することにより，下記のメリットがあります。

・相続時の納税資金を確保することができる
・不動産に比べ，資金のほうが遺産分割しやすい

提案を行う際の留意点

● 税務上のポイント

① 売買価額の設定等

下記の点に留意する必要があります。

- ・適正な時価による売買
- ・資金決済
- ・不動産登記（オーナーから会社への名義変更）

② 不動産を譲渡するオーナーの税負担

不動産譲渡に伴う譲渡利益が生じる場合，オーナーに譲渡税がかかります。

● 実務上の留意点（時価より低い価額で売買する場合）

売買は時価で行いますが，会社の資金繰り等を踏まえ，あえて時価より低い金額設定をすることがあります。その場合は下記の点に注意する必要があります。

① 売り手であるオーナーの課税関係

価額設定を時価の2分の1未満とした場合，時価で譲渡したものとみなされます。例えば，時価1億円の不動産を時価未満で売買する場合を考えてみます。

【4,000万円で売買した場合】

4,000万円ではなく，譲渡収入は1億円として譲渡税の計算を行います。

【6,000万円で売買した場合】

原則として※譲渡収入は6,000万円として譲渡税の計算を行います。

※　時価の2分の1以上の取引価額とした場合も，いわゆる行為計算否認規定により，1億円で譲渡したものとされる可能性はあります。

② 買い手である会社の課税関係

こちらも，時価1億円の不動産を時価未満で売買する場合を考えてみます。

【6,000万円で売買した場合】

　1億円と6,000万円の差額の4,000万円は受贈益として，法人税等の課税対象となります。会社においては，オーナーの課税関係で規定されている時価の2分の1基準がないため，時価との差額は常に課税対象となります。

（参考：会社の資金繰り）

　上記例で，6,000万円で売買すると，会社における税負担は増えますが，時価1億円で売買する場合と比べ，会社の「総支払額」は抑えられます。

【総支払額】

　① 売買代金

　　6,000万円

　② 法人税等の負担

　　4,000万円※×34％（法人等の実効税率（仮））＝1,360万円

　　　　※受贈益（時価1億円と売買価額6,000万円の差額）

　③ 支払額（①＋②）

　　7,360万円

　　　→1億円で売買する場合と比べ，会社の資金流出を抑えられる

　なお，会社に繰越欠損金がある場合は，②の法人税等負担が減るため，③の支払額はより抑えられます。

---

③ その他

　会社は時価より低い金額で資産を購入することに伴い，会社の株価が上がる可能性があります。その程度にもよりますが，取引当事者であるオーナーから，株主への贈与となることがあります（みなし贈与）。

オーナーの会社あて貸付金（役員借入金）の相続税評価

オーナーの貸付金は相続財産として，相続税の課税対象である。

その評価額は原則として貸付金額を基に計算するが，例えば会社が債務超過状況にあり，返済余力がない場合に，減額できる余地はあるだろうか？

評価方法を定めた財産評価基本通達において，回収不能として減額できる場合として，下記例があげられている。

相続開始時点での会社の状況として，

・手形交換所において取引停止処分を受けている
・会社更生法の更正手続き開始の決定
・民事再生法の再生手続開始の決定
・会社法の規定による特別清算開始の命令
・破産法の破産手続開始の決定等があったとき
・業況不振のため又はその営む事業について重大な損失を受けたため，その事業を廃止し又は6か月以上休業しているとき

このように，単に債務超過が続いているという状況だけでは減額できる可能性は低く，事前対策が必要となる。

CHAPTER 5

相続対策

オーナー経営者個人で貸事務所を所有していて
所得が多いが，相続のことはまだ考えていない

　会社オーナーが，会社には関係しない個人の資産として貸事務所を所有していま
す。貸事務所による不動産所得の他に給与所得もあり，毎年の課税所得は 2,000 万円
を超えています。

　この場合，どのような提案があるでしょうか？

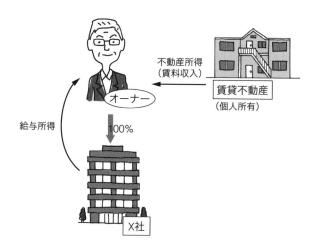

他にもこんな顧客に提案できる

・不動産所得（特に貸アパートや貸事務所を所有）があり，所得金額が
　多い※会社オーナー
　※　所得金額が 1,800 万円以上の場合は効果が大きい

提案の内容

●提案内容

　所有している貸事務所の家屋を法人（事業会社とは別の新設法人）に譲渡します。

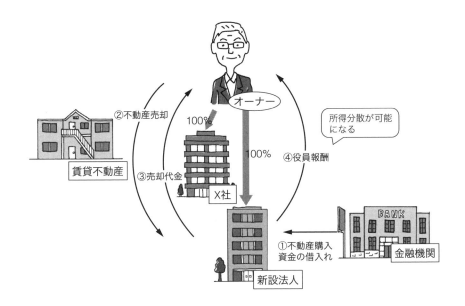

●取り組みの目的

① 節税効果

　個人の所得に課税される所得税は累進税率となっており，所得が大きいほど税金負担が重くなります。最高税率は約55％（所得税・住民税）です。一方で，法人の実効税率は30％代前半であるため，不動産を法人に移転し，法人の不動産所得とすることで，税金の負担を抑えることができます。

　実務上，年間所得（利益）が900万円を超えると税率差が出るため，法人への移転を検討できます（下記資料参照）。ただし，法人の管理コストや，不動産を移転する際のコスト（不動産所得税や登録免許税の負担）も考える必要があり，効果を実感しやすいのは，年間1,800万円以上の所得層です。

　なお，最近の税制改正の傾向は「個人増税」「法人減税」です。所得が多い顧客に対しては，そうした税制改正の傾向も踏まえた中長期的な視点からの提案が効果的です。

（参考）所得税・住民税の速算表

所得税・住民税概算合算速算表＜平成 27 年分以後＞

課税総所得金額・課税退職所得金額又は課税山林所得金額		税　率	控除額
超	以　下		
－　　万円	195　万円	15.105　　%	－　　円
195	330	20.210	99,548
330	695	30.420	436,478
695	900	33.483	649,356
900	1,800	43.693	1,568,256
1,800	4,000	50.840	2,854,716
4,000	－	55.945	4,896,716

＊　所得税と住民税の所得控除の差額及び調整控除，均等割は考慮しない。
（上記表の計算例）課税総所得金額 1,500 万円の場合
15,000,000 円×43.693 ％－1,568,256 円＝4,985,694 円

・平成 31 年 4 月 1 日から令和 2 年 3 月 31 日までの間に開始する事業年度
資本金の額等が 1 億円以下の法人

所得金額	法人税	事業税（所得割）	地方法人税特別税	住民税及び地方法人税	合計	
	表面税率（%）	表面税率（%）	表面税率（%）	表面税率（%）	表面税率（%）	実効税率（%）
年 400 万円以下の部分	15.0	3.4	1.47	2.60	22.47	21.43
年 400 万円超 800 万円以下の部分		5.1	2.20		24.90	23.21
年 800 万円超の部分	23.2	6.7	2.89	4.01	36.80	33.58

＊　大法人の子法人は除くほか，一定の前提をおいている

② 家族への役員報酬支払による所得分散

　家族を役員とし，その家族に法人から役員報酬を支払うことで，さらに節税効果が得られやすくなります。役員報酬を受け取る家族にも所得税がかかりますが，受け取る給与（役員報酬）については給与所得控除があること，また，所得税は累進税率となっているため，家族で分散して報酬を受け取ったほうが，全体の税金負担が少なくなります。

実務上の注意点としては、家族が会社勤務しており、その会社が副業を禁止している場合、役員に就任すると就業規則に違反することになります。また、家族を扶養対象としている場合、扶養控除が受けられなくなる、家族が社会保険加入者となる等のデメリットが生じます。家族構成や家族の状況を事前に確認しておくことが大切です。

なお、本件に限らず、家族構成や家族の状況を知ることで、提案内容がより整理できるほか、提案の幅も広がります。

③　認知症対策

高齢者の方との会話でよく話題に上る内容として、意思能力（認知症）の低下が上げられます。不動産を個人で所有した状態で認知症を発症し、意思能力が失われた場合、不動産の修繕や売却等の法律行為が制限されます。また、認知症に限らず、不動産所有者が亡くなった場合、不動産の管理口座が凍結され、口座変更の案内及び事務手続きも生じます。

一方、不動産を法人管理としておけば、仮に、不動産所有者が認知症を発症しても、他の役員が代表者に就任することで物件管理が行えるほか、相続の際に振込口座の変更案内等の実務手続きをしなくて済むというメリットもあります。

税金の対策だけではなく、不動産を引き継ぐ相続人の管理のしやすさを説明することが実行につながることもあります。

金融機関として求められるサポート内容

・法人による不動産購入資金の融資（既に他行の借入で収益物件を所有している
　場合には借り換え）
・個人の手元に入る売却資金への提案
・生命保険

提案を行う際の留意点

●家屋と土地を譲渡するか、家屋のみを譲渡するか

収益物件が貸家（事務所やマンション）の場合、収入を生むのは家屋であること、

また，土地を譲渡する際に譲渡税が発生する場合があることから，実務上は，建物のみを移転することも多いと思われます。なお，建物のみを譲渡する場合，借地権の課税問題が起きないよう，原則として，無償返還の届出（借りた土地を将来無償で返すことを約束する届出）を税務署に提出することを検討します。

●メリット・デメリットの説明

　所得が多い顧客にとってはメリットが大きく，提案しやすい内容です。また，不動産を購入する法人において借入が生じますが，通常の新規不動産購入の借入と異なり，売却資金が個人の手元に入ることから，個人法人全体で見た資金収支は実質上変わらず，前向きに検討してもらいやすい取り組みです。

　ただし，実務上のデメリットを伝えていない場合，実行直前や実行後にトラブルになることもあります。できれば，2〜3か月かけて事前の検討を進めたいところです。

（顧客に伝える主なメリット・デメリット）

メリット	デメリット
①所得税の節税効果 ②家族への役員報酬支払による所得分散 ③不動産の資金化 ④所得の積み重ねによる相続税対策（中長期） ⑤認知症に備えた物件管理	①不動産取得税・登録免許税の負担 ②短期的には相続税対策と逆行する場合あり ③既存借入の固定金利の解約違約金 ④不動産譲渡に伴う譲渡税の負担

※　不動産の移転に伴う消費税の取り扱いについては割愛しています。

参考事例

●成功事例

　会社オーナーの家族構成は配偶者（妻）と子供2名（長男，次男）。財産は自社株の他，金融資産と1棟貸しのアパートほか不動産物件を複数所有しています。

　長男には自社株式と不動産を相続させる予定。ただ，財産に占める自社株式及び不動産の割合が多く，現状でも財産の偏りがあるうえに，長男に相続税の納税に必

要な現預金も相続させると，次男の相続財産がさらに少なくなり，将来の遺産分割で子らが揉めないか心配していました。

金融機関担当者からオーナーに対して「不動産を法人に売却することにより不動産を資金化し，その資金を相続税の納税資金に充てたらどうか？」「資金の一部を次男への遺産分割財産としても使いましょう」と提案し，実行に至りました。

あわせて，遺産分割の方針を確実にするため，遺言の提案をし，遺言の受託も受けることになりました。

●失敗事例

①　高齢の顧客への提案

担当者が所得税の節税対策として，顧客（年齢82歳）に本取組を提案しました。毎年の税金負担が減ることもあり，顧客も乗り気に。しかし，所得税の負担が減る一方で，不動産の売却により，相続税の負担が増えることが分かり，数年内に相続が起きた場合には，かえって不利になることがわかり，実行まで取り組めないということになりました。

不動産の相続については，建物については固定資産税評価，土地については路線価を基に評価しますが，いずれも時価より低く評価されます。不動産を売却すると，時価で売買し，時価相当の現金が個人の手元に入るため，短期的には相続税の対象となる資産は増えます。これら短期的なデメリットの説明が不十分なケースも見受けられますが，特に提案する顧客が高齢の場合，提案は慎重に行う必要があります。

②　固定金利の解約違約金

対象となる不動産には県内のライバル行が融資を行っていましたが，法人への不動産移転に伴う自行への借り換えにつながることから，担当者も力が入り，何度も顧客の下に足を運び，3か月越しで実行にこぎつけました。

しかし，既存の他行の借入金利が固定金利となっており，借り換えに伴う金利の解約違約金が発生。実行時にその事実が分かったため，想定外の負担が生じたとクレームになってしまいます。実際には，違約金を支払っても効果が出ましたが，当

初から説明をしておく必要がありました。

③ 駐車場の移転

　金融機関担当者が駐車場用土地を新設法人に移転する案を提案しました。

　しかし，収入を生む不動産が駐車場であり，土地を移転する必要があるところ，土地の時価に比べた駐車場の収入（利回り）が低く，駐車場収入だけでは，返済ができないことが分かりました。

　また，売却側の個人においても，当該土地は先祖代々から引き継がれたもので，時価が取得価額を大幅に上回り，譲渡税の負担が多額に生じることに。実行ができないことが分かり，かえって関係が悪くなってしまいました。

<table>
<tr><td>事例
5-2</td><td>オーナー経営者の妻に預金5,000万円があり，
高校生の長男は株式を保有している</td></tr>
</table>

　X社オーナーの妻は専業主婦ですが，預金が約5,000万円あります。奥様のご両親の相続等により形成されたものではなく，そのほとんどが夫の口座から移されたものです。長女は大学生ですが，預金が約3,000万円あります。こちらも原資は父の預金です。

　また，高校生の長男は会社株式の30％を所有していますが，株主名簿及び法人税の別表において名前を書き換えただけで，名義変更に伴う税金（贈与税）は支払っていません。また，長男はいつから自分が株主となっているかも覚えていません。

　この場合，どのような提案があるでしょうか？

100%

オーナー　妻

長男　長女
（後継者）

> 他にもこんな顧客に提案できる
>
> ・未就業の家族（配偶者，子，孫等）名義の預金口座の残高が多い
> ・株式の名義を家族にしているが，株主名簿を書き換えただけの場合

提案の内容

●提案内容

① 名義預金の解消と正しい生前贈与の提案

　妻及び長女の預金については，税務上「会社オーナーが妻や長女の名義を借りた預金（名義預金）」との指摘を受ける恐れがあります。

　そのため，まずはオーナー名義の預金に戻し，そのうえで正しい方法の贈与等による相続対策の提案が考えられます。

② 名義株式の解消と正しい自社株承継対策の提案

　長男の所有する株式も「名義株式」と指摘される可能性があります。名義預金同様，オーナー名義の株式としたうえで，正しい方法により自社株承継対策を進める提案が考えられます。

> **金融機関として求められるサポート内容**
> ・解消した名義預金に対する贈与の提案（暦年贈与信託，保険等）
> ・解消した名義株式に対する事業承継対策の提案

提案を行う際の留意点

●顧客への情報提供

① 名義財産の取り扱い

　会社オーナーが，自身の財産を家族名義に変えているということはよくあります。無償で名義を変えている場合には贈与となり，その贈与額が年間110万円を超えると，原則として贈与税の対象となるということは，金融機関や税理士からすると当然のことであっても，会社オーナーは理解していないということがあります。

　また，贈与の対象となることは理解していても，何年も前に家族名義に変えたもので，これまで税務署から指摘を受けていないので問題ない，あるいは贈与の時効を過ぎていると考えるオーナーもいます。

　そうした場合，税務署から指摘を受けるのは会社オーナーが亡くなってからであ

り，負担を感じるのは家族であること，また，贈与の時効も認められないことがある等の情報提供が大切です。

② 説明の仕方

①の通り，顧客の将来のリスクを抑えるための情報提供は大切ですが，過去に家族名義に変えた財産が問題視されることについて疑問を持ち，感情的になられる会社オーナーもいます。また，リスクを理解してもらいたいがために不安をあおるような口調で説明すると，かえって反感を受けることもあります。

「家族名義とすることは世間一般でよくあるが，税務の実務では違うこと」「将来調査を受け，負担を感じられるのは家族であること」を慎重に，かつ，丁寧に説明することが必要です。

（参考）名義財産の解消の先送り

名義財産については，オーナーの生前に取り組むことが理想ですが，理解が得られない場合には，実務上，名義財産の解消を先送りすることもあります（この場合，オーナーの財産に戻した上での対策は提案できないこととなります）。

先送りにする場合は，オーナーが亡くなった際，名義財産をオーナーの相続財産として計上することを検討します。この場合，相続税の負担は増えますが，税務署から指摘されて修正申告をした場合の負担（過少申告加算税・重加算税）は回避することができます。

●贈与の時効

① 何年前の贈与までさかのぼられるか

税法にも，いわゆる時効というものがあります。贈与の場合，通常は6年，悪質な場合には7年と定められています。では，7年前以前に家族名義とした財産は問題ないでしょうか？

結論から述べると，7年超のものでも指摘される恐れがあります。

名義財産を巡る争いで，税務署が主張するのは，家族名義の財産は「贈与」ではなく「名義借り」だからそもそも時効という考え方はないというものです。つまり，

議論する "土俵" が違うということです。

贈与（納税者の主張）……いわゆる時効あり

名義借（税務署の主張）……名義を借りているだけ（期間の制限はなし）

　例えば，収入がない子どもが多額の財産を所有している場合には，贈与の成立を説明できなければ，抗弁は難しくなります。

② 贈与の成立

　贈与が成立しているか，贈与は成立しておらず名義財産に該当するかどうかの判断は難しく，その判断を巡って争われる事例も数多くあります。

　実務上は，過去の争訟事例を踏まえて，下記のような点から「総合的に」判断します。

《贈与が成立するにあたってのポイント（共通）》

内容	証明書類等
当事者双方の意思（あげる，もらう）	贈与契約書
110万円を超える場合の納税状況	申告書や納付書の控え

《個別の財産ごとのポイント》

　預金の場合

　　・通帳，印鑑，キャッシュカードはもらった側（受贈者）で管理している

　　・受贈者の意思で使用されている

　　株式の場合

　　・株式取得や出資にあたり受贈者が資金負担をしている

　　・株主総会において，株式名義人本人の意思で議決権を行使している

・配当を株式名義人本人が受領している

<u>不動産の場合</u>

・登記している

・受贈者が固定資産税の負担をしている

・（収益物件の場合）受贈者に収入と費用が帰属している

●名義財産が指摘されるタイミング〜「相続税」の税務調査〜

　名義財産を巡るもう一つの実務上の問題として，名義財産と認定されるタイミングがあげられます。税務署が国民の財産の動きを都度把握することは困難であり，財産を家族名義に変えた時に指摘を受けることはごく僅かです。実際には，元々の財産所有者が亡くなり，その家族が相続税申告をした後に実施される相続税の税務調査時において，あわせて家族名義の財産状況についても調べられ，名義財産との指摘を受けることが一般的です。

　家族からすると，過去の取り扱いであること，また，実際に名義財産とした当事者も亡くなっていることから，受け入れがたく，感情論から問題が複雑化することがあります。

　さらに，相続税の税務調査については，相続税の申告をしてから5年以内（多くは1年〜2年後）とされており，既に終了した相続手続きを蒸し返されることに違和感を感じる方も少なくありません。

① 相続から税務調査までの流れ

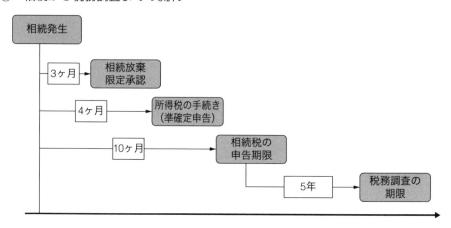

② 相続税の税務調査実績

　相続税の税務調査の状況については，国税庁から毎年公表されている統計資料が参考になります。統計によると，実際に税務調査を受けているのは相続税の申告手続きをした方（家族）の約20％（5人に1人）です。以前は財産額が多い方が対象になっていましたが，最近では基礎控除を少し超えている方が調査の対象になることもあります。

　また，特筆すべきは，税務調査において相続時財産計上額が過少だったと指摘される方の割合が，例年約8割を超えているということです（下記図③非違割合参照）。指摘を受ける内容は様々ですが，その多くが名義財産を巡るものです。名義財産とされた場合，家族名義の財産を亡くなった方の財産に計上して，再申告（修正申告）をすることになります。

　なお，そもそも相続税申告をしていない（無申告）方は調査の重点対象となっており，あわせて注意が必要です。

相続税の調査事績（全国）

項目＼事務年度		平成29事務年度	平成30事務年度	令和元事務年度	令和2事務年度
①	実地調査件数	12,576件	12,463件	10,635件	5,106件
②	申告漏れ等の非違件数	10,521件	10,684件	9,072件	4,475件
③	非違割合（②/①）	83.7%	85.7%	85.3%	87.6%
④	重加算税賦課件数	1,504件	1,762件	1,541件	719件
⑤	重加算税賦課割合（④/②）	14.3%	16.5%	17.0%	16.1%
⑥	申告漏れ課税価格（※）	3,523億円	3,538億円	3,048億円	1,785億円
⑦	⑥のうち重加算税賦課対象	576億円	589億円	572億円	319億円
⑧	追徴税額　本税	676億円	610億円	587億円	416億円
⑨	追徴税額　加算税	107億円	98億円	95億円	66億円
⑩	追徴税額　合計	783億円	708億円	681億円	482億円
⑪	実地調査1件当たり　申告漏れ課税価格（※）（⑥/①）	2,801万円	2,838万円	2,866万円	3,496万円
⑫	実地調査1件当たり　追徴税額（⑩/①）	623万円	568万円	641万円	943万円

※　「申告漏れ課税価格」は，申告漏れ相続財産額（相続時精算課税適用財産を含む。）から，被相続人の債務・葬式費用の額（調査による増減分）を控除し，相続開始前3年以内の被相続人から法定相続人等への生前贈与財産額（調査による増減分）を加えたもの。令和2事務年度は新型コロナの影響により調査件数は減少している。

● 家族名義の財産を基に戻した場合の贈与税の可否

　家族名義の財産をもともとの財産所有者に戻す際，その財産額が110万円を超えたとしても，原則として贈与税はかかりません。

参考事例

● 成功事例

　金融機関主催の税務セミナーで，名義預金の取り扱いを知った顧客が担当者に相談しました。

　そこで担当者から税務調査の実態や，贈与の成立についてあらためて説明。顧客はその後，顧問税理士にも相談した上で，家族名義の財産を解消し，自己の財産に戻すことにしました。

金融機関として，将来の税金対策として生前贈与とその資金の保険活用を提案し，成約に至りました。

● 失敗事例

　金融機関担当者が顧客に「贈与を受けた資金をそのままにしていると名義預金として認定される恐れがあるため，保険や投信信託での運用が必須である」と説明し，金融商品を提案しました。

　その説明を聞いた顧客が顧問税理士に相談したところ「資金運用は名義預金でないと証明する根拠の一つとなることは事実だが，生活資金として使ってもよく，金融商品での運用は必須ではない」「資金運用だけでなく，双方の意思や贈与税の申告等総合的に判断される」との回答を受けました。金融商品の運用ありきの提案に不信感を持った顧客は，以後担当者との面談を拒否することになってしまいました。

事例 5-3 オーナー経営者が40代で事業承継はかなり先になる見込みである

X社のオーナーは40歳です。業績は好調でオーナーの関心は専ら販路拡大や社内の人事制度構築等にあり，事業承継を考える状況ではありませんが，将来の事業承継対策として，何か提案できることはあるでしょうか。

他にもこんな顧客に提案できる

・会社オーナーの年齢が若い
・業績は好調

提案の内容

●提案内容

① 将来の相続対策（株価抑制を目的とした持株会社化の提案）

会社の株価は，毎年の利益蓄積により年々高くなりますが，持株会社化することにより，将来の株価上昇を抑えることができる場合があります。

会社オーナーの年齢が若い場合，会社オーナーの関心は自社の事業展開にあり，一般的には，事業承継の提案をする余地はありません。しかし，社歴を重ねるにつ

れ株価が高くなり，気がついたときにその対策に苦労するケースは多くあります。

【持株会社化による株価対策の仕組み】

　持株会社化した場合の効果として，中長期的な株価抑制があげられます。

　実行直後の株価は実行前と変わりませんが（下記②参照），その後，利益の蓄積等により株価が上昇した場合，持株会社の株価は事業会社の株価より低く評価されます（下記③参照）。

　事業承継を行うタイミングでなくても，会社オーナーの株式は相続税の対象となるため，将来に備えた相続対策（株価対策）を今から講じることができます。

《持株会社化のイメージ図》

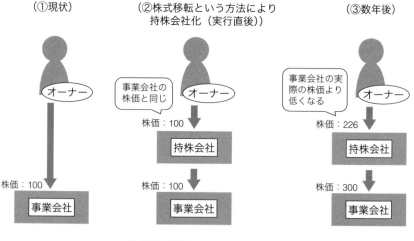

（①現状）　　　（②株式移転という方法により持株会社化（実行直後））　　　（③数年後）

事業会社の株価が将来300になった場合における持株会社の株価
$$300-(300-100)\times37\%=226$$

持株会社の株価計算上※，事業会社の株価増加額の37％相当額を控除

※一般的な考え方を示したものであり，会社の状況等により株価への影響は異なります。

《持株会社化による効果》

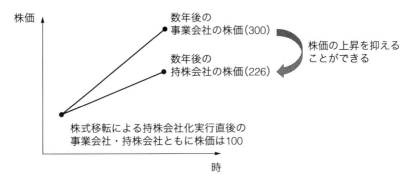

上記事例における株価のイメージ

株価の上昇を抑えることができる

株式移転による持株会社化実行直後の
事業会社・持株会社ともに株価は100

数年後の事業会社の株価（300）

数年後の持株会社の株価（226）

　持株会社というと特殊な会社のように感じる会社オーナーもいますが，実態は通常の株式会社です。会社が所有する資産の大半が事業会社の株式となるため，一般的に持株会社と呼ばれています。通常の会社同様，不動産を保有したり，事業を行うこともできます。

【株価が抑えられる理由】

　非上場会社の株価を計算する際の要素の一つである「純資産価額」については，その計算上，資産の含み益から法人税等相当額（現在は37％）が控除されます。したがって，持株会社が所有する資産である事業会社の株式の評価が高くなり，含み益が生じる状態になると，含み益×37％分が減額されることになります。

　これは，「純資産価額」は会社の解散価値を計算することを目的としており，会社の解散に伴う資産の処分益に課税される法人税等を織り込んで計算するというものです。

　なお，法人税等相当額の税率は令和元年は37％ですが，法人税等の税率改正にあわせて見直されます。

② 事業戦略としての持株会社の活用

　既存の事業会社と隣接する事業を別会社として展開する場合，会社オーナーが個人出資するのではなく，持株会社の下でグループ会社展開することが考えられます。

また，M&A により他社を買収する場合に，持株会社で株式を取得し，グループ戦略を構築するといったこともできます。

提案を行う際の留意点

●持株会社化の方法

　持株会社化の方法はいくつかありますが，今回のような提案では，株式の買い取り資金も必要なく，手続きもそれほど難しくない「株式移転」による持株会社化が一般的です。

●株式移転による持株会社化のポイント

①　会社オーナーにおいて株式買取の資金が不要

　事業会社の株主（全株主）は，持株会社となる新会社の設立と同時に，事業会社の株式を新会社に譲渡し，その譲渡対価として新会社の株式を取得します（株式の交換）。

《株式移転による持株会社化の仕組み》

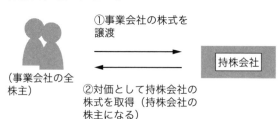

この取引は新会社の設立と同時に行われ，新会社（持株会社）設立時の株主構成は，実行前の事業会社の株主構成と同じとなります。

前述の通り，持株会社は一般的な呼び方であり，通常の株式会社が用いられます。

② 原則として，事業会社の株主及び事業会社のいずれにもに税金がかからない

事業会社の株主は，所有する事業会社の株式を新会社に譲渡するため，本来は譲渡所得税等がかかります。ただし，譲渡対価として金銭ではなく新会社の株式を取得するため，所定の要件を満たす場合，株式の交換取引として課税されないことになっています（次に新会社の株式を譲渡するまで課税が繰り延べられます）。

また，事業会社は株主が変わるだけであり，株主同様，課税がなされません。

※ 株式移転による持株会社化は税法上，組織再編税制が適用されます。組織再編税制に定める要件を満たすことで，課税がされない取り扱いとなっています。株式移転については，他の組織再編行為（合併，分割等）に比べて，所定の要件を満たしやすく，一般的には課税の問題が起こることは稀です。本書では，組織再編税制の詳細説明は割愛します。

③ 会社法に定める株主総会の特別決議が必要

株式移転による持株会社化は会社法の規定に沿って実行します。その会社法においては，株主総会の特別決議が必要とされています。なお，特別決議により株式移転が実行できる場合であっても，反対株主から株式買取の請求があった場合，その請求に応じ，双方の協議による価格で買い取る必要があります。

●将来の選択肢

持株会社化することにより株価対策の効果が得られますが，その他，将来の事業承継の各選択肢にも柔軟に対応できます。

① 親族に事業承継する場合

株価対策の効果が得られた持株会社の株式を後継者に移転します。移転の方法は通常の事業会社と同様です。

② 親族でない従業員や役員に事業承継する場合

持株会社の株式を承継することもできますし，持株会社が所有する事業会社の株式を承継することもできます。

なお，事業を引き継ぐ後継者の意向にもよりますが，その後継者に株式を買い取る資金力がない場合，創業家に安定株主として残ってもらいながら，経営（及び株式の一部）を引き継ぐといったことも考えられます。

③　M&A で外部の会社に譲渡する場合

　②同様，持株会社の株式ごと譲渡することもできますし，持株会社が所有する事業会社の株式を譲渡することもできます。後者の場合，譲渡資金は持株会社に入るため，親族の資産管理会社としての活用を検討します（いずれの方法についても，譲受者の意向も踏まえ，事前にタックスプランを検討します）。

参考事例

●成功事例

① 持株会社化した事例

　金融機関担当者が 40 代のオーナーに将来を見据えた持株会社化を提案しました。オーナーの子供は小学生で，将来会社を承継するかどうかはわかりませんが，会社オーナーに不慮の相続があった場合の相続税負担の軽減を念頭に，持株会社化を実行。毎年，事業会社から持株会社に配当し，持株会社に貯めた資金を基に，親族の資産管理会社として活用することもあわせて考えています。

② 持株会社化はしなかったが，相続税対策のきっかけとなった事例

　金融機関担当者が持株会社化を提案しました。オーナーは積極的な提案を期待しており，関心をもって話を聞いてもらえました。最終的に持株会社化の実行は見送られましたが，経営だけでなく，中長期的な視点で相続対策も考える必要があることをオーナーが認識し，担当者との関係が近くなりました。持株会社の実行には至りませんでしたが，将来の予測株価に基づく相続税の額を認識し，その相続税の支払いに備えた保険契約の成約に結びつきました。

5-4 会社に含み損のある事業用不動産がある

　X社のオーナーは長男への事業承継にあたり，会社から退職金を受け取り，株式を長男に承継するつもりですが，あわせて相続対策として取り組めることが他にないか検討中です。

　会社には含み損がある事業用不動産があるほか，オーナーから会社への貸付金（会社からみると借入金）が残っています。

　この場合，どのような提案ができるでしょうか？

他にもこんな顧客に提案できる

・事業承継とあわせて行える相続税対策を考えている
・含み損のある事業用不動産を所有している

提案の内容

●オーナーによる会社不動産の買い取り

　オーナーが会社所有の本社屋土地を時価で買い取ります。買い取りの資金の一部は会社宛ての貸付金と相殺し，残りの金額は銀行から融資を受けます。オーナーが

不動産を購入し，会社に賃貸することにより，相続税対策の効果が得られます。

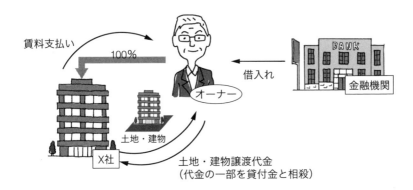

① 相続時の不動産の評価

　不動産（建物，土地）の相続税の評価額は，市場における売買時価と比べて一般的に低く設定されています。また，その不動産を賃貸している場合には，さらに評価額が下がります（家屋については貸家評価，土地については貸家建付地評価）。

② 相続時の小規模宅地等の特例適用

　一定の条件を満たした土地については，所定割合分の評価額が減額されます（小規模宅地等の特例）。今回のようなオーナーが会社に貸し付けていた本社屋の土地については，「特定同族会社事業用宅地等」として，その土地の評価額が80％（上限の面積は400m²）減額できます。

③ 評価額のイメージ

　不動産所有の効果と小規模宅地等の特例を整理したイメージ図は下記の通りです。

　仮に2億円の不動産（内訳は建物1億円，土地1億円）を購入した場合，相続時の評価額は6,260万円（建物4,900万円，土地1,360万円）となり，時価との差額1億3,740万円分の財産圧縮となり，相続税の負担が軽減されます。

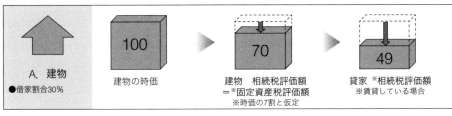

A. 建物
●借家割合30%

| 100 | 70 | 49 |
建物の時価 / 建物　相続税評価額 ＝※固定資産税評価額 ※時価の7割と仮定 / 貸家 ※相続税評価額 ※賃貸している場合

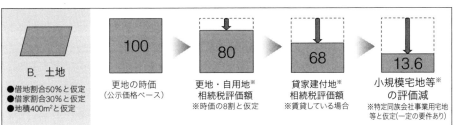

B. 土地
●借地割合50%と仮定
●借家割合30%と仮定
●地積400m²と仮定

| 100 | 80 | 68 | 13.6 |
更地の時価（公示価格ベース） / 更地・自用地※相続税評価額 ※時価の8割と仮定 / 貸家建付地※相続税評価額 ※賃貸している場合 / 小規模宅地等※の評価減 ※特定同族会社事業用宅地等と仮定（一定の要件あり）

単位：百万円

④　その他

【会社における利益圧縮とそれに伴う株価対策】

　簿価＞時価の不動産を会社オーナーに譲渡することにより，会社において譲渡損失が計上され，法人税の負担が軽減します。また，利益が圧縮されることにより会社の株価（類似業種比準価額）が下がります。

【オーナーの収入確保】

　会社に不動産を賃貸することにより，代表退任後の収入を確保できます。

金融機関として求められるサポート内容

・不動産購入に伴うオーナーへの融資

提案を行う際の留意点

●税務上のポイント

① 第三者との取引と同じ条件での売買及び賃貸借

　税務署から取引行為を否認されたり，否認されない場合でも調査時に摩擦が生じないよう，第三者との取引と同じ条件で実行します。

具体的には，下記のような点に留意する必要があります。

・適正な時価による売買

・資金決済

・不動産登記（会社からオーナーへの名義変更）

・近隣相場と乖離のない賃料設定（売買後）

② 小規模宅地等の特例の概要

小規模宅地等の特例は大きく分けて 3 種類あります。

特例の対象	居住用	貸付事業用 （事業用除く）	事業用
対象	自宅の土地	不動産貸付用土地	事業用の貸付土地
評価減	330m² まで 80 ％減額	200m² まで 50 ％減額	400m² まで 80 ％減額
選択	どれを用いるか選択して適用（一部併用可）		

※ 小規模宅地等の特例の適用にあたっては所定の要件を満たす必要あり

このうち，事業用（特定同族会社事業用宅地等）として減額を受けるための主な要件は下記の通りです。

被相続人（オーナー）の要件

・相続開始直前において，被相続人（オーナー）及び被相続人の親族（後継者）等がその同族会社の株式等の 50 ％超を有していること

・宅地等または建物等を相当の対価を得て継続的に貸し付けていること

相続人（後継者）の要件

・被相続人（オーナー）の親族（役員である後継者）がその対象宅地等を取得すること

・その対象宅地等を申告期限まで引き続き所有し続けること

同族会社の要件

・その対象宅地等の上に存する建物を貸付事業等（不動産賃貸業）として使用

しないこと

・その対象宅地等が申告期限までその会社の本来の事業の用に供されていること

(参考)

　平成27年より，特定同族会社事業用宅地等とあわせて特定居住用宅地等（自宅の土地の評価減）が併用できるようになっています。平成27年より前においては，特定居住用宅地等で上限まで特例の適用を受けた場合，特定同族会社事業用宅地等の適用はありませんでした。そのため，オーナーが会社の事業用土地を購入したとしても，不動産を所有することによる一定の財産の圧縮効果はあるものの，大きな効果は得られにくいといったことがありました。

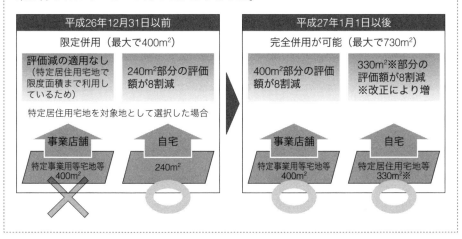

●実務上の留意点

① 経営の観点から会社が使用する不動産を個人名義としてよいか

　会社が使用する不動産をオーナーと売買することで，会社においては不動産の譲渡資金が得られ，オーナーにおいては実行後の家賃収入による資産形成ができます。一方，経営上の観点から，会社が使用する資産については会社が所有することが望ましいという経営判断もあります。短期的，中長期の両視点から，実行を検討する必要があります。

② 不動産収入はオーナーの将来の相続財産となる

オーナーは退任後の収入を確保することができますが，生活費等で費消した残りの額はオーナーの財産となります。

不動産を所有・賃貸することにより，時価と相続時の評価の差額分だけ財産が圧縮されるため，短期的には相続税対策の効果が得られますが，所得の蓄積に伴い，中長期においては対策の効果が小さくなることがあります。

③ 会社での不動産の買い戻し

相続税対策として，相続直前にオーナーが買い取った不動産を相続直後に会社で買い戻す又は買い戻すことが予定されている等の場合には，相続税の税務調査において否認される恐れがあります。否認された場合，不動産の評価は市場における時価となる可能性があります。

なお，オーナーと会社の間での不動産売買に限らず，相続税対策として市場で不動産を購入していても，それが相続直前での購入であったり，相続直後に売却されていることを理由として，税務調査で否認されている事例もあるため注意が必要です。

④ その他会社資産の整理

本事例では会社の本社屋土地を売買対象としていますが，事業承継にあわせて，オーナー時代に取り組んだ事業に関する不良資産の処理，オーナーの意向で購入していた株式・ゴルフ会員権・保養所の処分，オーナーを被保険者としていた保険契約の整理等に取り組むことも考えられます。引き続きオーナーが使用するものはオーナーが買い取り，そうでないものは処分することにより，結果としてそれらの処分損失が計上されることがあります。

参考事例

●失敗事例

① 相続税以外の税金負担

銀行の担当者がオーナーに会社の本社屋土地の購入を提案し，提案をした銀行で不動産購入資金を融資しました。

法人における利益対策，株価対策，オーナーの相続税対策，不動産収入確保は実現できましたが，実行後に下記が分かり，事前の説明が不十分であったとのクレームを受けました。

・不動産購入時に不動産取得税と登録免許税の負担が発生

・将来のオーナーの相続時の相続人への名義変更時に再度登録免許税がかかる

・会社からの賃料収入が1,000万円を超え，オーナーが消費税の課税事業者となった

　銀行主導で実行を進めており，顧問税理士は実行直前に取り組み内容を知ることになったことから，事前に十分な税務検証ができていませんでした。

　相続事業承継の提案については，相続税や法人税以外の税金の影響を考える必要があります。実行にあたっては，オーナーに顧問税理士への事前相談を依頼する又は打ち合わせは顧問税理士にも同席をしてもらう等の取り組みが必要です。

② 不動産の譲渡損失は計上できたが株価が下がらなかった

　証券会社の担当者がオーナーに会社の本社屋土地の購入を提案しました。その際会社において譲渡損失が計上できることから，株価が下がるとの説明をしていましたが，実際には株価は下がりませんでした。

　株価は「類似業種比準価額※」と「純資産価額」の組み合わせにより計算されます。組み合わせは所定の会社区分に応じて決まりますが，当社は「純資産価額」により計算する会社でした。純資産価額は「相続税法上の時価」を織り込み，含み損のある不動産の評価は既に反映されていることから，株価対策の効果はなかったのです。

　本事例に限らず，同じ取り組みでも，個々の会社及び個人の状況により結果が異なるため，個別事情に応じた事前検討が必要です。

　※　利益水準の影響を受けるのは類似業種比準価額です。

③ 不動産の売却損を計上できなかった事例

　銀行の担当者が会社オーナーに個人での会社の本社屋土地の購入を提案しました。

　オーナーは個人での不動産所有は望んでいませんでしたが，不動産の含み損の利用及び株価の引き下げ効果には関心を示したことから，担当者は別会社（後継者で

ある長男が全額出資する会社）への譲渡を提案しました。

　ところが，グループ法人税制の適用により，親族で株式100％所有する法人間での売買取引については譲渡損益は計上されず繰り延べとなることが，実行直前の顧問税理士の指摘でわかり，取りやめとなりました。

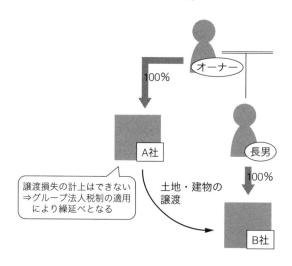

どうする?
どう考える?

相続対策の提案を行うための家族関係の整理

　会社オーナーは会社経営者としての立場のほかに資産家としての顔があり，家族に資産を円滑に承継するための相続対策が必要となることも多い。事業承継は提案から実行まで時間がかかるが，個人の相続対策は比較的短期間に取り組める内容のものもある。

　相続対策を提案する際に必要なことは資産状況のほか家族の状況把握である。普段の会話を通じて家族の状況を整理することで，提案できる選択肢も広がる。

　また，金融機関のビジネスに直接結びつかない場合でも，課題解決を通じて

信頼関係が生まれ，その後の事業承継の相談につながることもある。

（例）Aさんは会社オーナーで，家族及び会社の状況は下記の通り。

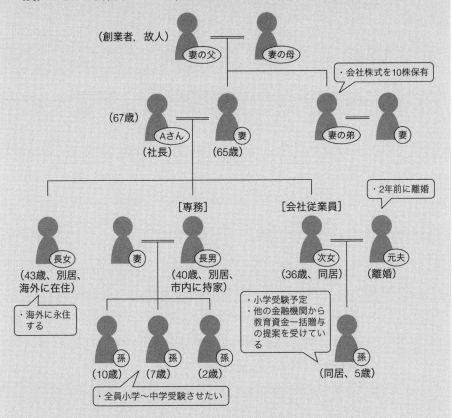

家族の各状況を踏まえ，例えば下記のような提案が考えられる。

①妻の弟の状況から

　自社株式の買い取り提案

　　→社歴が長くなるにつれ，株式が分散し，それに伴うトラブルも増える

　　　ため，お互い顔が見えるうちに株式の整理を進めることが望ましい。

②長女の状況から

　遺言の提案

→将来，Ａさん又は妻に相続があった際，家族の一人が海外に居住していると，相続手続きに時間がかかる。手続きが完了しないと，例えば，時価のある不動産や株等の処分のタイミングを逃してしまうということもある。遺言には家族の相続手続きの負担を減らすといった効果もある。

③長男の状況から

教育資金贈与にあわせた，保険や遺言の提案

→長男には子ども（Ａさんから見ると孫）が３人おり，他の家族と比べて，援助が受けられやすい。長男からみると有難いが，長女，次女からすれば不公平となる。贈与は税金の対策としては有効でも，家族間のバランスが崩れるきっかけとなる。贈与とあわせて，長女や次女を受取人とする保険や争族防止としての遺言の活用の検討が必要となる。

④次女の状況から

教育資金のその都度の贈与（教育資金一括贈与の見送り）

→可能性としては低いが，この先，孫が事故等により母である次女より先に亡くなった場合の法定相続人は両親となる。離婚の原因が元夫（父）にあるとしても，法律上，元夫は財産を相続する権利がある。結婚した夫婦の３組に１組が離婚しているという。孫が先に亡くなるという確率は極めて低いが，孫への贈与については事前に家族状況の確認が必要である。

今回のような場合，必要な生活資金や教育資金をその都度援助する※といったアドバイスが望ましい。直接金融機関の収益とはならないが，信頼関係が生まれ，他の相談につながることもある。

※ 実費相当をその都度援助する場合には贈与税がかからない（年間110万円の贈与との併用も可）。

どうする？
どう考える？

生前贈与の改正

会社オーナーに限らず，多くの資産家が取り組んでいる生前贈与。

近い将来，この生前贈与制度が見直されるかもしれない。2021年12月に公表された2022年度税制改正大綱において「（改正に向けた）本格的な検討を進める」との方針が示されている。

同様の記載は2021年度の税制改正大綱にもあり，今後改正の行方が注目される。

（2022年度税制改正大綱の一部抜粋（下線部は著者で追加））

---

(2) 相続税・贈与税のありかた

〜省略〜一方、相続税・贈与税は、税制が資産の再分配機能を果たす上で重要な役割を担っている。高齢世代の資産が、適切な負担を伴うことなく世代を超えて引き継がれることとなれば、格差の固定化につながりかねない。〜省略〜

わが国では、相続税と贈与税が別個の税体系として存在しており、〜省略〜、相当に高額な相続財産を有する層にとっては、財産の分割贈与を通じて相続税の累進負担を回避しながら多額の財産を移転することが可能となっている。

今後、諸外国の制度も参考にしつつ、相続税と贈与税をより一体的に捉えて課税する観点から、現行の相続時精算課税制度と暦年課税制度のあり方を見直すなど、格差の固定化防止等の観点も踏まえながら、資産移転時期の選択に中立的な税制の構築に向けて、本格的な検討を進める。

国税庁公表の統計によると，暦年課税制度による生前贈与の申告手続件数は，年間約48.5万件（令和3年6月公表，令和2事務年度実績）。贈与税がかからず，申告をしていないケースも含めると実際の利用数はさらに増えると予想さ

れ，相続税対策としてかなり普及していることが分かる。仮に贈与税改正があるとしても，急な変更による混乱を避けるために，経過措置を設ける，過度な節税策への対応に留めるといった内容が望まれる。

　なお，法律の仕組み上，納税者にとって不利益となる内容に関しては，原則として過去に遡って改正が行われることはなく，現行制度の中で，できるうちにできることに取り組むことをあらためて考えたい。

198 Chapter 5　相続対策

著者紹介

藤原　耕司

株式会社中国銀行を経て，2003 年に税理士法人山田＆パートナーズ入社。2006 年税理士登録。2007 年税理士法人山田＆パートナーズ関西事務所長就任。2011 年にパートナー就任。2017 年に株式会社あさひ合同会計取締役，2019 年に税理士法人あさひ合同会計代表社員税理士。

各種税務申告業務のほか，上場会社，非上場会社の顧問業務，事業承継，相続・資産承継，企業組織再編，M&A 等の各種コンサルティング業務を行う。メガバンク事業承継部門への出向を経験。

【主要著書】

『税制改正のポイントと解説』（東京ファイナンシャルプランナーズ，共著）

『新納税猶予制度の活用と実務 Q&A』（日本法令，共著）

『企業再生の会計と税務』（第 3 版・きんざい，共著）

『初めてでも分かる・使える会社分割の実務ハンドブック』（中央経済社，共著）

李　志翔

2003 年 TFP ビジネスソリューション株式会社（現・山田コンサルティンググループ株式会社）入社。2010 年取締役。FAS 事業部長，WM 事業部長，企業提携部長を務める。2015 年広島支店長兼中国・四国・九州エリア担当。

2018 年クレジオ・パートナーズ株式会社設立，税理士法人いぶきに入社。

上場オーナー系企業・非上場オーナー企業・IPO 準備企業の M&A・事業承継・組織再編・資本政策アドバイザリー業務を行う。

【主要著書】

『税制改正のポイントと解説』（東京ファイナンシャルプランナーズ，共著）

『オーナー経営者と後継者が一緒に取り組む事業承継』（大蔵財務協会，共著）

著者との契約により検印省略

2019年12月1日　初　版　発　行 2022年11月20日　改　訂　版　発　行	実践　金融機関担当者のための **相続・事業承継の提案事例集** ～会社オーナーの信頼を得る ［改訂版］

著　者	藤　原　耕　司
	李　　　志　翔
発　行　者	大　坪　克　行
印　刷　所	美研プリンティング株式会社
製　本　所	牧製本印刷株式会社

発　行　所　〒161-0033　東京都新宿区
　　　　　　　下落合2丁目5番13号

株式
会社　税務経理協会

振　替　00190-2-187408
ＦＡＸ　(03)3565-3391

電話　(03)3953-3301（編集部）
　　　(03)3953-3325（営業部）

URL　http://www.zeikei.co.jp/

乱丁・落丁の場合は，お取替えいたします。

Ⓒ　藤原耕司・李　志翔　2022　　　　　　　　　Printed in Japan

ISBN978-4-419-06885-1　C3032